La última palabra
en temas de actualidad

Dra. Lizi Rodríguez
en colaboración con Margarita Montes

Cómo ayudar a los hijos de padres divorciados

AGUILAR

Meg Eastman
Sydney Craft Rozen

No más berrinches

Consejos para lograr la armonía
entre padres e hijos

AGUILAR

Dr. Lawrence J. Cohen

Educar JUGANDO

Fortalezca la confianza de sus hijos
y resuelva los problemas de conducta
por medio del juego

AGUILAR

Dra. Laura J. Stevens

Cómo ayudar a los niños con déficit de atención (ADD/ADHD)

12 alternativas para controlar
la atención y la hiperactividad
con métodos seguros

AGUILAR

DRA. JEANETTE GADEBERG

Cómo formar hijas fuertes

EN LO MORAL, EN LO SOCIAL,
EN LO EMOCIONAL

AGUILAR

Laura Anaya, Patricia Fernández,
Luz Adriana Reyes, Adriana Sánchez

La magia de la adopción

Las respuestas que todo niño llegado
por adopción,
y sus papás,
necesitan

AGUILAR

AGUILAR
www.editorialaguilar.com

OCURREN LOS MILAGROS

Ocurren los milagros

Mary Kay Ash

alamah AUTOAYUDA

alamah °

De esta edición:

Copyright © 2003 por Mary Kay Inc.
DR © Santillana Ediciones Generales, S.A. de C.V., 2005.
Av. Universidad 767, Col. del Valle
México, 03100, D.F.
Teléfono (52 55) 54 20 75 30
www.alamah.com.mx

Primera edición en Alamah: junio de 2005

ISBN: 970-770-136-6

Adaptación de interiores: Ma. Alejandra Romero I.
Adaptación de cubierta: Antonio Ruano Gómez
Impreso en México

Dedicado a las miles de mujeres que se
ATREVIERON
a salir de sus «zonas de confort» y
USARON
los talentos y destrezas que Dios
les otorgó dándose cuenta que Dios no tuvo tiempo
de hacer a un «don Nadie»,
¡sólo a un «don ALGUIEN»!

Índice

Secciones de fotografías después de las páginas 48 y 126

Agradecimientos

Quiero agradecer las aportaciones de tres personas especiales que brindaron su valioso apoyo en la preparación de este manuscrito. Primero, gracias a Bob Shook por sus sinceras palabras de apoyo y su asombrosa capacidad de organización. Gracias a Linda Perigo Moore, exitosa escritora por derecho propio, y a Yvonne Pendleton, de nuestro personal de Mary Kay, que me ayudaron a integrar toda la información necesaria para el epílogo. Gracias por ayudarme a contar mi historia exactamente con las palabras apropiadas. Sin ellos, este libro tal vez nunca se hubiera escrito.

Prólogo

Una vez comencé a escribir este libro, poco después de jubilarme de una carrera de veinticinco años en las ventas directas. Mi jubilación duró menos de una semana y aun así me quedó claro por qué tantas esquelas incluían la frase «se jubiló el año pasado». De hecho, vivía enfrente de una morgue y comencé a considerar si debía llamarlos y decirles «vengan por mí».

Impulsar mi carrera y querer a mi familia ha sido todo para mí. Nunca me gustaron las cosas que otra gente parece disfrutar para relajarse. Por ejemplo, nunca tuve tiempo de aprender a jugar tenis y siempre *detesté* las fiestas de coctel. Para mí, el trabajo y el crecimiento fueron sinónimos. Sin mi trabajo, descubrí que no tenía motivo para salir de la cama cada mañana.

Así que después de la jubilación, lo único que me quedó por hacer fue pensar en todos aquellos productivos y activos años de mi vida. Durante mi carrera me había enfrentado a y resuelto muchos problemas específicos de la mujer en el mundo de los negocios. Muchas de las veces estuve realmente en desventaja o impedida por ideas anticuadas de lo que una mujer debiera y no debiera hacer cuando trabaja con los hombres. «Tal vez —pensé— pueda usar mi experiencia y ayudar a que otras mujeres superen estos obstáculos.» Fue cuando decidí organizar mis pensamientos escribiendo todas las lecciones que había aprendido. Cuando comencé este ejercicio, se desbordaban los recuerdos de las oportunidades que se me negaron por ser mujer. Mi deseo era que al hacer esta lista mi corazón se vaciara de cualquier amargura. Así fue. Sin embargo, igual de importante fue el darme cuenta que había reunido una lista de factores que definían la «compañía de mis sueños». En esta compañía abstracta, las relaciones se basarían sobre la Regla de Oro y a la mujer se le permitiría ir en busca de oportunidades ilimitadas. No se le detendría si poseía las destrezas y la determinación de triunfar.

Usé las notas para comenzar lo que yo quería que fuera un libro de capacitación en la administración. Sin embargo, al poco rato me pregunté: «¿Por qué estás aquí escribiendo una teoría sobre la compañía ideal? ¿Por qué mejor no la fundas?» Mary Kay Cosmetics nació un viernes 13 de septiembre de 1963. En las décadas siguientes ha sido mi gozo y mi honor verla crecer. Con la ayuda de Dios y mi familia, amigos y asociados maravillosos, hemos crecido desde una pequeña tienda con nueve vendedoras hasta una familia internacional de cientos de miles de Consultoras de Belleza, cada una en control de su propio negocio independiente. Las soluciones que enumeré hace tanto tiempo les han dado a miles y miles de mujeres la oportunidad de convertirse en mucho más de lo que alguna vez se imaginaron.

Sin embargo, no me detengo allí. Nada se marchita más rápidamente que los laureles cuando decides dormirte sobre ellos, así que siempre hemos trabajado por mantener los mejores productos y por practicar las técnicas administrativas más sofisticadas disponibles. Teniendo esto en mente, en 1968 tomamos la decisión de convertirnos en Mary Kay Cosmetics, Inc., en una sociedad por acciones cotizada en la Bolsa de Valores. En ese momento fue un punto de despegue importante para nosotros pero con el correr de los años las circunstancias cambiaron. Llegamos a creer que nuestro crecimiento corporativo se veía impedido si seguíamos por esta ruta.

En la primavera de 1985 decidimos que sería en el mejor interés de nuestra gente y de nuestra clientela salirnos de la Bolsa de Valores. Así que basando nuestra decisión en opiniones expertas, objetivas e independientes, hicimos una oferta de valor justo de venta para comprar todas las acciones públicas de Mary Kay Cosmetics y volver a ser una corporación familiar.

Las ventajas de una decisión de esta naturaleza son varias. La más importante es que no nos vimos adversamente afectados con la compraventa de los accionistas en un siempre fluctuante mercado bursátil.

Un aspecto importante que no ha cambiado desde que dejamos la Bolsa de Valores es que todas las Consultoras y Directoras asociadas con nosotros siguen manteniendo su propio negocio independiente. Siempre ha sido así. Sin embargo, en nuestra oficina matriz podemos vigilar más de cerca y asegurarnos que se mantengan en alto los principios básicos sobre los cuales edificamos nuestra empresa.

Como fundadora y presidenta emérita de Mary Kay Cosmetics, he recibido mucha publicidad. Ahora cuando tengo algo que decir, la gente parece estar dispuesta a escucharme. No es que ahora diga algo distinto de lo que he dicho toda mi vida. Sin embargo, aparentemente, cuando una persona logra algo de éxito, lo que tenga que decir se vuelve «importante». Así que aquí estoy, escribiendo de nuevo este libro.

Nunca he sido una persona que deje pasar una oportunidad. Tan frecuentemente como me es posible, me escucharás hablando sobre las muchas oportunidades maravillosas que existen para la mujer en este mundo. Si bien parte de mi filosofía es anticuada —practicar la Regla de Oro y vivir según algo que nosotros llamamos el «espíritu de la entrega»—, no deja de ser una filosofía de «sí, sí puedes», la cual, creo yo, está muy a tono con la *mujer de hoy*. Y funciona.

Ahora quiero compartir contigo mis filosofías, mis sentimientos, mis desencantos y mis alegrías. Probablemente observes que no doy muchas fechas. Por supuesto, recuerdo fechas como los cumpleaños de mis hijos. Soy mujer y como tal, ¿qué mujer no es sentimental con estos detalles? Empero, si te doy algunas fechas y tienes la más mínima habilidad para los números, sabrías mi edad. Y yo *nunca* digo mi edad. ¿Por qué debiera hacerlo? Yo creo que una mujer que es capaz de decir su edad, es capaz de decir *cualquier* cosa. Todo lo que digo es que no soy tan vieja como algunas personas creen que soy. (¡Me he enterado de los rumores!) Lo mejor que he oído al respecto es esto: Si de veras no conoces tu edad exacta, entonces, ¿cuál dirías que es tu edad? ¡Yo me siento de veinticuatro!

Este libro es para quien se sienta joven y desee triunfar. Mira, Dios no tuvo tiempo de hacer a un «don Nadie». En consecuencia, puedes tener o ser cualquier cosa que desees. En los planes de Dios cada uno de nosotros es importante y necesario. Si pudieras encontrar alguien que creyera en ti, podrías lograr cosas grandiosas. Lo sé porque alguien una vez creyó en mí. En un tiempo en que yo tal vez no exhibía gran cosa en cuanto a experiencia o capacidad, alguien creyó que yo podía triunfar. En gran medida es por esa confianza que ¡lo logré!

OCURREN LOS MILAGROS

1

¡Tú puedes!

HAY CUATRO TIPOS de personas en el mundo:
- las que hacen que las cosas ocurran;
- las que ven las cosas ocurrir;
- las que se preguntan qué pasó;
- ¡las que ni siquiera saben que *algo* pasó!

A muy temprana edad supe que quería ser la primera de la lista. Desde entonces he aprendido que la gente que triunfa se distingue por su personalidad, sus objetivos y destrezas. Específicamente esto quiere decir que tienen:
- entusiasmo (con propósito);
- disciplina;
- disposición (de trabajar, servir y aprender);
- determinación;
- aprecio por los demás.

Dije que aprendí esta lección; no dije que fue fácil ni que cayera como cosa dada a mis manos. Yo tenía siete años de edad cuando mi papi volvió a casa de un sanatorio y si bien tres años de tratamiento habían interrumpido su tuberculosis, no estaba totalmente curado. Durante el resto de mi infancia siguió siendo un inválido que requería de mucha atención tierna y amorosa.

Durante todos esos años mi madre fue la única que mantuvo nuestro hogar. Cursó estudios de enfermería pero luego encontró trabajo como gerente de un restaurante en Houston. El trabajo no era de tan buena paga como los de hoy día y su sueldo sin duda era menor por ser mujer. Mamá trabajaba jornadas de catorce horas, saliendo de casa cada mañana a las cinco (antes de que yo despertara) para volver a las nueve de la noche (con frecuencia cuando yo ya estaba dormida). Mi hermano y mi hermana mayores ya eran adultos y se habían ido, así que el cuidado de mi papi se convirtió en mi responsabilidad.

Nunca se me ocurrió que las cosas pudieran ser de otro modo. Llegaba de la escuela y aseaba la casa. Luego hacía la tarea de la escuela. Pero aceptaba esto y, lo que es más, hasta lo disfrutaba. Aunque se suponía que algunas de mis responsabilidades eran muy difíciles para una niña, nadie nunca me lo dijo. En consecuencia, simplemente las cumplía.

Aun así, preparar la comida era uno de mis desafíos frecuentes más grandes. Mi madre era una cocinera maravillosa pero el trabajo se volvió mío cuando no podía llegar a casa a tiempo para hacer la cena. A la tierna edad de siete años no se me podía considerar un chef maestro. (Recuerda que no existían las cenas congeladas ni las comidas rápidas para llevar.) Si papi quería *chili* o pollo y yo no sabía cómo prepararlo, llamaba a mi mamá. En esos días muy pocas veces tuve la oportunidad de aprender algo directamente de ella en persona, sencillamente no podía estar allí para enseñarme. Pero desde entonces, ¡cuántas veces he dado gracias a Dios por el teléfono! Se convirtió en línea vital para mí y el contacto principal con mi madre. Cada vez que yo la llamaba ella encontraba el tiempo para explicarme pacientemente lo que debía hacer.

—¿Mamá? ¡Hola! Hoy papi quiere sopa de papa.

—¿Sopa de papa? Bien, cariño. Primero saca la olla grande, la que usaste ayer. Luego toma dos papas...

Explicaba cada paso, uno por uno, procurando anticipar todo lo que necesitaría saber. No me había criado para que fuera quejumbrosa pero estoy segura de que mi trabajo algunas veces parecía abrumador porque después de sus instrucciones, siempre añadía: «*Hija, ¡tú puedes hacerlo!*»

Nuestra situación familiar implicaba que yo tenía que hacer muchas cosas que no se esperan de la mayoría de los niños. Por ejemplo, si necesitaba ropa nueva, tenía que ir sola al centro de Houston. Hacía estos recorridos sola los sábados porque mi mejor amiga no tenía permiso de viajar en el tranvía sin un adulto. Después de todo, sólo teníamos siete años de edad.

No olvides que éstos eran los días en que el vestido de una niña costaba sesenta y nueve centavos y los huevos se vendían a diecinueve centavos la docena. Digamos que mi madre me daba un dólar y cincuenta centavos; me iba y compraba un vestido o una blusa. ¡Me encantaba hacerlo, era el momento culminante de mi semana! El único problema era convencer a las empleadas que de veras tenía el permiso de tomar dichas decisiones. Algunas veces era suficiente con mostrarles el dinero pero con frecuencia me preguntaban que dónde estaba mi mamá. Luego les explicaba las circunstancias, les daba el número de teléfono del restaurante donde trabajaba mi madre y les decía: «Pueden llamarla. Ella les dirá que está bien que haga esta compra».

Después de mis compras, me iba a la tienda Kress que tenía cafetería para comer un emparedado de pimentón y queso en pan tostado y una Coca-Cola. Luego me iba al cine. Vivía para estas tardes «en el centro». Creo que la comida generalmente costaba veinte centavos y la función de cine como diez, así que por treinta centavos me divertía de lo lindo una tarde.

Cuando primero inicié estas excursiones, estaba un poquito nerviosa de que no fuera a tomar el tranvía correcto y que no fuera a conocer el camino. Luego me acordaba de mi madre diciéndome «tú puedes, cariño». Habré escuchado esas palabras miles de veces y siempre me lo decía con total convicción. Ahora me doy cuenta de que seguro estaba muy ansiosa por las responsabilidades que yo tenía que asumir. Sin embargo, nunca lo hubieras sabido al oírla hablar. Hasta donde yo *sabía*, mi madre sabía que yo podía. Sus palabras se convirtieron en el lema de mi niñez. Se han quedado conmigo toda la vida: «Tú puedes».

La confianza que mi madre me inculcó me ha servido toda mi vida adulta. Sin ella, Mary Kay Cosmetics pudo haber fracasado antes de comenzar. Era 1963. Después de veinticinco años como vendedora profesional, con hijos ya grandes, decidí que la jubilación no me sentaba bien. Así que había desarrollado una estrategia y filosofía para comenzar mi propia «compañía ideal». Había reclutado a varias vendedoras e invertido los ahorros de toda mi vida en la oportunidad que se da sólo una vez en la vida. Basándome en mis años de experiencia en las ventas directas, iba a capacitar y supervisar a las Consultoras de Belleza, mientras que mi esposo se iba a hacer cargo de los detalles administrativos de nuestro nuevo negocio. Teníamos cajas ensambladas de frascos y botellas con etiquetas nuevas que decían *Beauty by Mary Kay*. (Por supuesto, esto después cambió a Mary Kay Cosmetics.)

Exactamente un mes antes de la fecha en que planeábamos abrir el negocio, mi esposo y yo desayunábamos juntos. Mientras él leía las cifras porcentuales finales de nuestra compañía, yo escuchaba como suele hacerlo la mujer cuando el marido habla del presupuesto; es decir, a medias, porque yo consideraba que eso era «su problema». En ese momento, él sufrió un ataque mortal al corazón.

Creo que el trabajo con frecuencia es el mejor antídoto del duelo. Así, a pesar de mi dolor, decidí abrir el negocio como lo teníamos planeado. Empezar la empresa había sido mi sueño y mi idea pero nunca imaginé que la operaría yo sola. Sabía que no tenía las destrezas administrativas que se necesitaban; sin embargo, en ese momento, todas las mercancías, frascos y etiquetas serían inútiles si liquidaba la empresa. *Tenía* que seguir.

Pedí consejo a mi abogado y a mi contador.

—Mary Kay —dijo mi abogado, moviendo la cabeza—, liquide el negocio ahora mismo y recupere el efectivo que pueda. Si no, va a terminar sin un centavo.

Esperaba que las palabras de mi contador fueran más alentadoras pero después de estudiar la situación dijo: «No puede hacerlo. Este plan de comisiones nunca funcionará. Es cuestión de tiempo para que la compañía termine en bancarrota y usted con ella».

Mis hijos y mi hija vinieron de Houston a Dallas el día del entierro de mi esposo. Tal vez era el peor momento posible para tomar una decisión de negocios pero no podía posponerse más.

Después del funeral, nos sentamos en mi sala y discutimos las recomendaciones que me habían dado. Mis hijos escucharon en silencio.

Richard, mi hijo de veinte años, era representante de ventas en Prudencial Life Insurance Company. Uno de los agentes más jóvenes de Texas, tenía el increíble sueldo de 480 dólares al mes. (A mí me parecía increíble, después de todo, no era más que un jovencito.) Si Mary Kay iba a hacerse realidad, necesitaría su ayuda; pero no había modo de que yo pudiera ofrecerle un sueldo así. Respiré hondo y le ofrecí 250 dólares por mes para que me ayudara a dirigir la nueva compañía. Richard aceptó sin dudarlo. A pesar de las apuradas protestas de los demás miembros de la familia, inmediatamente renunció a su empleo y se mudó a Dallas.

Ben, mi hijo mayor, tenía veintisiete años de edad, estaba casado y tenía dos niños. No podía levantar raíces y mudarse tan rápidamente como su hermano. Sin embargo, después de escuchar mis planes de seguir con la compañía, dijo: «Un día me gustaría unirme a ti y a Richard». Luego con toda calma y deliberación, metió la mano al bolso del saco y sacó una libreta de ahorros. El balance era de 4 500 dólares, una cantidad que yo sabía representaba todo lo que había ahorrado desde la escuela superior.

—Mamá —me dijo—, yo creo que puedes hacer cualquier cosa que decidas hacer en el mundo.

Luego me dio la libreta de su cuenta de ahorros.

—Aquí tienes mis ahorros. Si te ayudan, quiero que los tengas.

Ocho meses después —cuando necesitábamos a alguien que se hiciera cargo de nuestro almacén en expansión—, Ben dejó su trabajo con una empresa de soldadura en Houston y se mudó con su familia a Dallas. En ese momento dejaba un sueldo de 750 dólares por mes y comenzaba en la compañía con el mismo sueldo que Richard: 250 dólares por mes. Después, mi hija Marylyn se unió a nosotros y se convirtió en la primera Directora Mary Kay en Houston.

El viernes 13 de septiembre de 1963, un mes después del funeral, Mary Kay Cosmetics abrió sus puertas, de acuerdo con lo planeado. Yo, nueve vendedoras y mi hijo de veinte años como administrador financiero, ¿cómo podía yo saber si habríamos de lograrlo? ¡No lo sabía! No tenía una esferita de cristal. Lo único que sabía era que *tenía* que lograrlo. En cuanto a las predicciones de mi abogado y de mi contador, supuse que tampoco ellos tenían esferas de cristal. Además, no comprendían el negocio como yo. También sabía que nunca tendría una segunda oportunidad de darle vida a mi sueño. Si fracasaba Mary Kay Cosmetics, no podría volver a una jubilación sin complicaciones. ¡Estaría en quiebra! Eso significaría que tendría que trabajar para alguien más por el resto de mi vida. ¡Eso es un incentivo poderoso! Así que no importaba lo que los demás pensaran, no renunciaría a mi sueño. Mis hijos habían dicho «tú puedes hacerlo». Era todo lo que necesitaba.

Por supuesto, mis hijos habían crecido creyendo que su madre podía hacer prácticamente cualquier cosa. Virtualmente había sido su único apoyo emocional y económico desde el día de su nacimiento hasta su adultez e independencia. Me habían visto levantarme a las cinco todas las mañanas para ponerme al corriente en mi trabajo, arreglarlos para la escuela y luego ir a ganarme la vida en las ventas. Sabían que cuando llegaran a casa siempre estaba ahí hasta después de la cena, que era cuando volvía a salir a trabajar. Con los años, la familia se había mudado a casas más bonitas y vecindarios mejores, y mis hijos sabían que de alguna manera era yo quien lo había hecho posible.

Richard y Ben sabían lo que mis asesores me habían dicho. Sin embargo, me dieron su apoyo sin reservas. Nunca había necesitado un apoyo tan desesperadamente como el día del entierro. Me dio seguridad y me embargó con renovada confianza.

—Mamá —me había dicho Richard, poniéndome el brazo en los hombros, gentil—, Ben y yo hemos hablado de esto. Toda nuestra vida te hemos visto triunfar en todo lo que emprendes. Si pudiste ser exitosa trabajando para alguien más, sabemos que serás aun mejor trabajando por cuenta propia.

¡Es posible que en ese momento los chicos tuvieran un poco más de confianza en el sueño Mary Kay que la misma Mary Kay! Yo conocía bien el campo de las ventas directas y sabía que las ideas que había incluido en mi compañía eran buenas y justas. ¿Pero una compañía administrada por un joven de veinte años? ¡Si apenas ayer Richard era un adolescente que no ambicionaba más que una motocicleta! Sí, había sido buen estudiante pero, ¿ayudarme a operar exitosamente un negocio? Sinceramente, no veía a Richard ocupando el lugar de mi finado esposo. Pensé para mis adentros: «Sería un milagro».

Pero había desconfiado de Dios. Debí tener presente que si Dios cierra una puerta, siempre abre una ventana. Tal vez no me daba cuenta de la gran habilidad de Richard pero Dios sí. Había preparado a Richard y lo había colocado en una posición que le permitiría ayudarme a impulsar nuestra compañía. Cinco años después de haber iniciado operaciones, Richard recibió el Premio «Hombre del Año» de la Asociación de Mercadeo de Estados Unidos. En ese momento era el hombre más joven en recibir dicho honor. Después, cuando Mary Kay Cosmetics se convirtió en empresa pública, Richard fue uno de los presidentes más jóvenes de una compañía cotizada en la Bolsa de Valores de Nueva York. Desde el principio, Richard fue una bendición. Se hacía cargo de todos los aspectos administrativos de nuestro negocio, desde la manufactura hasta el mercadeo, dejándome a mí libre de invertir todo mi tiempo y todas mis energías en dirigir y motivar a la organización de ventas. Éramos todo un equipo, y lo seguimos siendo. Cada día dependo más y más de su experiencia financiera. De hecho, él es quien se encarga de cuadrar mi chequera personal.

Incluso con el apoyo crucial de mis hijos, muchas personas me decían que mi sueño nunca funcionaría. Todo parecía estar en contra de nosotros. Sin embargo, seguían firmes en mi mente los recuerdos de la fe que mi madre tenía en mí. Cada vez que la tarea parecía casi imposible, simplemente me repetía las palabras que por tantos años ella me había inculcado: «¡Tú puedes, Mary Kay, tú *puedes* hacerlo!»

Aun así, no estoy segura de que una sola persona sea la que pueda darse el crédito total del éxito de mi sueño. Una amiga una vez me dijo: «Mary Kay Cosmetics fue un accidente divino que buscaba un lugar donde darse». Creo que es cierto. En 1963, las fuerzas sociales que ahora apoyan la igualdad económica y legal de la mujer no habían ganado aún el apoyo del público. Sin embargo, aquí estaba una empresa que le daría a la mujer todas las oportunidades que yo nunca tuve. No creo que Dios quiera un mundo en el que la mujer tiene que trabajar catorce horas al día para mantener a su familia como lo hizo mi madre. Creo que Él usó esta compañía como un vehículo para darle una oportunidad a la mujer. Me siento afortunada y humilde de haber sido partícipe en mostrarle el camino a la mujer.

«¡Tú puedes!» es una consigna cotidiana en Mary Kay Cosmetics. Con frecuencia una mujer que se une a nosotros está desesperadamente necesitada de escuchar este mensaje. Con frecuencia es ama de casa que ha estado fuera del mercado laboral por años. Tal vez *nunca* ha trabajado fuera del hogar y ahora, por un divorcio o por viudez, se encuentra en busca de una carrera. Tal vez trabajó arduas y largas jornadas en otro campo sin haber escuchado nunca esas palabras de ánimo. Cualquiera que sea el motivo, con frecuencia necesita fortalecer su sentido de autoestima y valía.

Obviamente primero debe decírsele «¡tú puedes!» pero no podemos detenernos ahí y no lo hacemos. Las filosofías básicas sobre las cuales se fundó nuestra compañía le aseguran a esta mujer que recibirá cuidadosa orientación en cada paso de su desarrollo profesional. Siguiendo la Regla de Oro, cada Consultora y cada Directora compartirá con gusto su experiencia y entusiasmo hasta que esta mujer realice todo su potencial. Al convertirse en una persona más eficiente para establecer y alcanzar sus metas profesionales, se sentirá más segura *en todos los aspectos*. Es por eso que si le preguntas a una Consultora Mary Kay sobre su carrera, es probable que te diga que ésta se ha convertido en un modo de vida, no sólo en un modo de ganar dinero.

Por supuesto, no tomamos el crédito de su éxito. Cuando una Consultora tímida o sin experiencia se desarrolla y se convierte en una vendedora profesional destacada, *ella* es la que lo logró. Todo lo que hicimos fue proporcionarle orientación y apoyo. Como ves, su talento estaba siempre allí, latente, sólo que tal vez no tenía conciencia de él.

Es triste que la mayoría de la gente viva y muera con su «música por dentro». Nunca se atreve a intentarlo. ¿Por qué? Porque carece de seguridad en sí misma. La mujer, especialmente, tiene *tanto* potencial que nunca aprovecha. Por ejemplo, la Abuela Moses no comenzó a pintar hasta que cumplió los setenta y ocho años de edad. Cuando se le preguntó el motivo, dijo que simplemente era que nunca lo había intentado. Sin embargo, en sólo cuatro años sus obras terminaron expuestas en el Museo de Arte Metropolitano de Nueva York. No puedo dejar de preguntarme cuánto más pudo el mundo haber apreciado de su bello arte pictórico si sólo se hubiera interesado antes.

Para mí, el ver a tantas mujeres crecer y desarrollarse ha sido el logro más significativo de Mary Kay Cosmetics. Todo mundo se beneficia cuando compartimos el espíritu de «¡tú puedes!» Con frecuencia encontramos a una mujer que es como un apretado capullo de rosa, llena de un potencial nunca revelado. Después de unos cuantos meses de elogios y apoyo, florece en rosa: bella, elegante y segura de sí misma con sus recién descubiertas destrezas.

En una reunión reciente, escuché decir a una Consultora: «Cuando comencé en Mary Kay, me aterrorizaba hablar enfrente de seis personas. No veía cómo iba a sobrevivir mi primera clase del cuidado de la piel». Esa misma mujer hacía este comentario en el escenario, sonriente y radiante, enfrente de ocho mil personas. Creo que es obvio que alguien hizo muy buena labor en inculcarle el «¡tú puedes!»

Si llegas a visitar la oficina matriz de Mary Kay en Dallas, tal vez veas a alguien luciendo un broche de brillantes en forma de abejorro. Puedes estar segura que se trata de una de nuestras más altas productoras. El abejorro se ha convertido en el símbolo máximo de logros. Lo seleccionamos por lo que representa el abejorro para todas las mujeres.

Hace años unos ingenieros aerodinámicos estudiaron este animal y decidieron que sencillamente *no debiera volar*. Sus alas son muy débiles y su cuerpo muy pesado para elevarse en vuelo. Todo pareciera indicarle al abejorro que nunca despegaría del suelo. Pero me gusta pensar que, *tal vez* nuestro Creador Divino le susurró «¡tú puedes!» y eso fue lo que hizo.

2

Un espíritu competitivo

LA COMPETITIVIDAD PUEDE SER una motivación muy fuerte. Sin embargo, he aprendido que es más poderosa cuando compites contra ti misma y aprendes de tus fracasos.

De niña mi madre me decía constantemente: «Cualquier cosa que puedan hacer los demás, tú puedes hacerla mejor». Después de escuchar esto varias veces, me convencí de que efectivamente *podía* hacerlo mejor. Ante los ojos de mi madre, una manera de demostrarlo era sacando sólo calificaciones de diez en la escuela, los nueve simplemente no bastaban. No quería decepcionarla ni decepcionarme a mí misma, así que me esforzaba lo más que podía para alcanzar las metas que ella me había fijado. Al dedicarme a obtener las mejores calificaciones en mi clase, descubrí que la competitividad y rendir mi mejor esfuerzo también se convirtieron por sí solos en metas. Durante esa época nunca pensé en términos de *ganarle* a los demás niños; lo único que quería era superar mis propios logros mejores. Pronto se hizo necesario para mí que yo rebasara cualquier cosa que hiciera. Sí, quería vender el mayor número de boletos para las Fiestas de Mayo o el número mayor de cajas de galletas de las Niñas Exploradoras; pero más importante: quería vender más boletos o galletas que el año pasado.

Al avanzar en mi carrera, en los días de mayores dificultades me ayudó el espíritu competitivo que mi madre había fomentado en mí. Con cada reto, me concentré en competir contra mí misma. Cada sábado computaba mis ventas semanales y siempre quería que mis ganancias fueran un poco más grandes que las de la semana pasada. Cuando lo lograba, no era porque fuera más talentosa que otros vendedores; era simplemente que estaba dispuesta a hacer más sacrificios. Estaba dispuesta a trabajar con empeño y pagar el precio por ese éxito.

Por supuesto, no siempre alcanzaba mi meta pero, por fortuna, mi madre también me enseñó a perder. Lo hizo animándome a que me enfocara en mi futuro: hacerlo mejor la próxima vez, a redoblar esfuerzos. Creo que es de suma importancia que los jóvenes aprendan que no siempre se puede ganar todo. Es sencillamente imposible ser *el mejor* en todo momento. Hoy cuando veo que los padres presionan demasiado a sus hijos para que ganen (como suelen hacerlo en los equipos de las Pequeñas Ligas), rezo porque alguien también les enseñe a esos jóvenes a aceptar una derrota. Cualquiera que compita tiene que enfrentarse a la derrota y aprender cómo seguir a partir de ella.

Una de mis expresiones preferidas es: «Fracasamos hacia el éxito». Es cierto, porque aprendemos de nuestros fracasos. ¿Cuántas veces hemos escuchado que la persona que nunca fracasa es aquella que nunca intenta nada? He visto que la gente exitosa nunca teme intentar algo porque no teme fallar. Muchas veces le he dicho a la gente en nuestra organización: «Si alguna vez decidiéramos comparar rodillas, verán que yo tengo más cicatrices que cualquiera presente en el cuarto. Es porque me he caído y levantado tantas veces en mi vida».

Durante los primeros años de Mary Kay Cosmetics, no siempre nos cubrimos de gloria. La compañía que hoy ves se creó a pesar de muchos desencantos y contratiempos. Sin embargo, había visualizado una compañía en la que cualquier mujer pudiera competir contra su mejor esfuerzo y de este modo, ser tan exitosa como decidiera ser. Desde el comienzo, las puertas de nuestra empresa se abrieron de par en par para cualquier mujer que tuviera el arrojo de soñar, estuviera dispuesta a pagar el precio y creyera que el trabajo arduo y la firme voluntad pueden vencer los fracasos.

Creo que se puede tener cualquier cosa que se desee en este mundo pero sí hay que pagar un precio. En mi infancia sabía que a fin de tener algo, tenía que renunciar a algo más. Cuando estaba en la escuela, eso por lo general implicaba renunciar a una hora o dos de sueño para dedicarme a estudiar. Cuando comencé mi carrera en ventas, implicaba renunciar a más horas de sueño para poder hacer el aseo de la casa y atender a mis hijos. Como joven madre que trabajaba, también implicaba renunciar a mi vida social. El día no tenía suficientes horas para trabajar, atender la casa, cuidar de los niños y disponer de un poco de tiempo para cualquier otra cosa. Pero nunca resentí estos sacrificios. Quería mantener bien a mi familia, comprar una casa mejor y mudarme a un vecindario mejor. Sabía que cada una de estas metas tenía un precio y mi espíritu competitivo es lo que siempre me ayudó a sentir que el precio bien valía la pena.

¡La competitividad y esforzarse por sobresalir también pueden ser divertidos! De niña disfrutaba la satisfacción de llegar a casa con la calificación de diez que mi madre esperaba. En la escuela intermedia viví más la diversión de la competitividad al descubrir tres nuevos talentos: mecanografía, discursos improvisados y debate.

Mi primer desafío fue la mecanografía. Mi maestra, la señora Davis, me tomó bajo su protección y, con su apoyo, yo estaba decidida a ser la mejor mecanógrafa que pudiera ser. En ese tiempo mi deseo mayor era tener mi propia máquina de escribir pero yo sabía que sería muy cara, así que nunca se me ocurrió pedir una. Luego, casi como un milagro, mi madre me sorprendió con mi máquina de escribir de marca Woodstock. Es fecha que no sé cómo pudo ahorrar suficiente dinero para el anticipo y cuánto debió haber tardado para pagar esa máquina maravillosa. Sin embargo, era típico de ella encontrar el modo. Siempre hacía un esfuerzo extraordinario para animarme a que sobresaliera en lo que hiciera y se dio cuenta que si tenía mi propia máquina de escribir me ayudaría a desarrollar mis destrezas como mecanógrafa. Sobra decir que la vieja Woodstock era una de mis posesiones más preciadas. Sabiendo lo que mi madre debió haber sacrificado para pagarla fortaleció mi determinación de convertirme en mecanógrafa experta. No puedo describir mi satisfacción cuando por fin llegué a casa con el trofeo por ser la mejor mecanógrafa de la clase.

Otra ambición a tan tierna edad era ser una buena oradora de discursos improvisados. Como en la mecanografía, una maestra maravillosa me animó y me capacitó. Antes de salir del noveno grado, había competido en un concurso estatal y había logrado el segundo lugar. ¡Qué emoción fue para mí sentir que era la segunda mejor oradora de todo el estado de Texas! En la escuela intermedia me interesé en el debate formal y después de lograr ser parte del equipo también gané algunos honores en ese campo. Estos logros juveniles me dieron el valor para practicar y mejorar mis destrezas como oradora. Aún trabajo con empeño para perfeccionar cada línea de cada discurso que se me pide. Como resultado, hablar frente a miles de mujeres en las reuniones de Mary Kay sigue siendo el mismo desafío y la misma emoción que en las competencias pasadas de oratoria. De hecho, ¡la emoción es todavía mayor!

El apoyo de mi madre y de mis maestros fue de suma importancia para mí pero al hacer un repaso de mi infancia, sospecho que la influencia más grande en mi espíritu competitivo fue mi amistad con Dorothy Zapp. Cuando éramos niñas, simplemente disfrutaba de nuestra relación especial pero ahora me doy cuenta que ser amiga de Dorothy me expuso a un mundo nuevo y fascinante. De manera subconsciente debí haber reconocido que podía ganarme un lugar en dicho mundo si es que estaba dispuesta a trabajar por lograrlo.

La familia de Dorothy gozaba de mejor situación económica que la mía y aunque vivía a la vuelta de la esquina, su casa era por mucho la más bonita de nuestro vecindario. Todos los días Dorothy vestía una falda con peto, limpia y almidonada para la escuela. (Recuerda que son días anteriores al «lávese y úsese»). Todas las mañanas su mamá le ondulaba el largo cabello dorado hasta que parecía que salía de la portada de una revista. Todas las mañanas, la limpia pero simple Mary Kathlyn aparecía en el porche de la casa para caminar a la escuela con la perfecta Dorothy.

Sigo culpando esas mañanas en casa de Dorothy por el hecho de estar siempre un tanto en el lado de lo regordeta. Dorothy era una niña diminuta, frágil, que nunca se quería comer el desayuno. Su madre intentaba persuadirla pacientemente para que se comiera su pan tostado con mermelada de fresas y se bebiera su vaso de leche con hielo. Pero cuando su madre no la veía, Dorothy me los pasaba a mí. ¿Quién era yo para desperdiciar tan buena comida? Después de todo, el desayuno de Dorothy era suculento comparado con mi plato de cereal que yo misma me había preparado esa mañana.

Dorothy y yo compartimos todos los gozos y las penas de las muchachas en desarrollo. Como yo era estudiante que sacaba buenas notas, la señora Zapp me consideraba una buena amiga para Dorothy y siempre me daba la bienvenida a su casa. En cuanto a mí, era algo maravilloso ser amiga de Dorothy. Significaba que yo podía comer su delicioso desayuno todas las mañanas, ir de vacaciones familiares a la granja de su abuela y unirme a su familia para las exquisitas celebraciones de Navidad.

Algunos de mis más lindos recuerdos de la infancia son los árboles de Navidad de los Zapp. Cada árbol llegaba al techo alto de sus habitaciones y parecía llenar todo el espacio. En esos días nadie usaba adornos comprados en tiendas, así que los árboles de los Zapp se adornaban con hileras de «palomitas» de maíz y arándanos, manzanas y naranjas. Cada año parecía que tenían el árbol de Navidad más bello de todo el mundo.

Si bien en ese entonces no me daba cuenta, mi amistad con Dorothy me hacía más competitiva. Estaba consciente de que yo debía ser alguien a quien ella admirara y, por supuesto, fue otro motivo por el que sólo obtenía dieces de calificación en la escuela. Además, cuando Dorothy lograba un diez, yo tenía que obtener un diez y nota ejemplar. Esta competitividad se extendió también a otras áreas. Por ejemplo, si Dorothy vendía doce boletos para las Fiestas de Mayo, yo tenía que vender veinte. Su amistad me ofreció tanto que todo lo que yo podía hacer era intentar ser digna de ella. Aun así, Dorothy y yo compartíamos todo con gusto y ninguna de las dos sentía envidia por la otra.

Alrededor de la época de nuestra graduación de la Dow Junior High School, el padre de Dorothy obtuvo un ascenso y la familia se mudó a una casa más grande en un vecindario mejor. Me impresionó tanto que todavía recuerdo el domicilio: 4024 Woodleigh. Después de la mudanza hubo un tiempo en que no nos veíamos con tanta frecuencia pero ya adultas pudimos restablecer nuestro vínculo. Fue una amistad maravillosa… ¡y lo sigue siendo!

Otra amistad duradera y de influencia en mi vida comenzó en esos primeros años. Como Dorothy, Tillie Bass venía de una familia de más recursos económicos que la mía. El padre de Tillie era jefe de detectives de la policía de Houston y yo lo consideraba una persona muy importante. Tillie y su madre sabían que yo tenía que cocinar y cuidar la casa para mi papá, así que cada una de ellas me tomó bajo su protección. Esas dos mujeres sin duda me enseñaron muchas, muchas cosas que yo necesitaba saber. Tillie era un poco mayor que yo y por la diferencia de edades sentía que tenía que esforzarme para mantenerme al mismo nivel. Supongo que temía que si no hacía bien las cosas, no sería mi amiga. ¡Gracias a Dios que eso nunca se le ocurrió a Tillie!

Tillie salió otra vez a mi rescate cuando era una joven dedicada a su carrera y que mantenía a su familia. En esos días no había nada parecido a una guardería. Una madre que trabajara fuera del hogar tenía que depender de parientes y amistades para brindarles a sus hijos una atención amorosa y segura. Tillie vivía enfrente de mi casa y cuando yo salía a hacer presentaciones de ventas, ella cuidaba a mis hijos. Nuestra amistad creció con los años. (Yo solía bromear que Tillie se convirtió en la «esposa» que necesité todos esos años en que luché por ascender la escalera del éxito. Es un chiste que nunca he tenido que explicarle a una mujer dedicada a una carrera.)

Cuando llegué a la escuela superior, mi espíritu competitivo estaba bien enraizado. Seguía logrando dieces de calificación y me hubiera gustado ser la que diera el discurso de despedida de mi generación. Sin embargo, como decidí terminar la escuela en tres años en lugar de cuatro, me gradué de la escuela de verano y se arruinó mi oportunidad. Mi primera experiencia con la envidia fue cuando vi a mi amiga Dorothy comenzar sus estudios en el Rice Institute. Mi familia no podía solventar los gastos de mandarme a la universidad y en esos días las becas eran raras.

¿Qué podía hacer para competir con mis amigas que pudieron avanzar más su educación formal? Sabía que tenía que ser algo grandioso. ¿Qué podía parecer grandioso para una muchacha de diecisiete años en esa época? Acertaste. Me casé. Él era miembro de un grupo musical llamado los *Hawaiian Strummers* y una gran estrella de la radio en Houston. Yo pensaba que era un tremendo partido, algo así como el Elvis Presley del momento. Era cierto que no podía ir a la universidad pero no había duda que *esto* era apuntarme un tanto a mi favor.

También fue la primera vez que mi espíritu competitivo creó un verdadero problema porque me llevó a hacer algo que lamentaría después. Comenzamos a hacer vida juntos y a tener a nuestra familia. Sin embargo, cuando el trabajo de mi marido nos llevó a Dallas, nuestro joven matrimonio ya era muy infeliz. Cuando se fue a la Segunda Guerra Mundial me convertí en el único apoyo emocional y económico de nuestros tres hijos. El golpe más bajo vendría después cuando mi marido volvió de la guerra y anunció que quería el divorcio. Fue el punto más bajo de mi vida. Había desarrollado mi sentido de valía por mis destrezas como esposa y madre; sin embargo, ese día me sentí como un fracaso total y contundente. Nada me había golpeado tanto.

Sin embargo, no tenía tiempo de sentir lástima de mí misma, ya que tenía tres hijos que mantener. Para hacerlo, tenía que tener un empleo bien pagado con un horario flexible. La flexibilidad era esencial porque sabía que quería pasar tiempo con mis hijos cuando me necesitaran. Las ventas directas eran una solución natural, así que me hice vendedora de Stanley Home Products.

Me gustaban las ventas pero nada me emocionaba más que los concursos de la compañía. Se debía precisamente a ese espíritu competitivo que me caracterizaba. Recuerdo en particular un concurso que *de veras* me motivó. La Stanley Home Products Company anunció que quien reclutara el mayor número de nuevas vendedoras en una sola semana sería coronada «Miss Dallas». Decidí que esa era la única manera en que yo podía ser «Miss Dallas», así que estaba decidida a ganar.

Lográbamos nuestras ventas usualmente en presentaciones grupales que llamábamos «fiestas». Se podía invitar hasta veinticinco personas a la casa de una «anfitriona», donde la representante de ventas mostraba y vendía los productos Stanley. Para mí era esencial generar suficientes ventas para pagar mis cuentas, así que por lo menos tenía tres fiestas Stanley por día. Sabía que no podía llevar a cabo todas esas fiestas y ganar un concurso de reclutamiento, así que hice arreglos para que otras vendedoras Stanley ocuparan mi lugar en las presentaciones programadas por una semana. De esta manera yo podría concentrarme en reclutar gente nueva.

Identifiqué que tenía una fuente magnífica para reclutas nuevas: mi agenda. Como había estado haciendo tantas fiestas, ésta estaba repleta de nombres de anfitrionas anteriores. Me senté y comencé a trabajar. Llamé a todas las anfitrionas en mi agenda. Tal vez alguna me había dicho antes que no le interesaba ser vendedora pero las circunstancias cambian, así que las llamé *¡a todas!*

Les decía: «Hola, Beatriz. Mi compañía tiene planes de agregar más gente en tu área y cuando me puse a pensar en quién sería excelente haciendo lo que yo hago, ¡pensé en ti! ¿Alguna vez has considerado trabajar?» Tal vez un poco dubitativa, podría contestarme: «Bueno, Mary Kay, no sé...»

Así que yo replicaba: «Esta tarde andaré por tu rumbo. Me encantaría hablarte por unos minutos y darte algunos materiales impresos para que los leas. ¿Te parece bien a las dos?»

Toda la semana aprovechaba las mañanas para llamar a mis ex anfitrionas y hacer citas. Luego pasaba las tardes reclutando a la gente. Quería ganar el concurso y con diecisiete reclutas en una sola semana, ¡lo logré! Estaba dispuesta a renunciar a muchas comisiones de ventas por ganar pero resulta que gané casi lo mismo que siempre. Muchas de las mujeres a las que llamé me dijeron que no a la idea de unirse a nuestra compañía pero al terminar la charla decían: «Qué bueno que llamaste porque necesito pedir...» o «Mi cuñada acaba de mencionar la idea de tener una fiesta».

No es la gran cosa pero aún conservo ese listón de «Miss Dallas». Para mí, el reconocimiento era tan esencial como el dinero. Estaba convencida de que no era la única mujer competitiva, así que cuando me puse a dar forma a la compañía de mis sueños, recordé este punto importante. Creía que incluso en el caso de que no trabajaran con ahínco por dinero, habría mujeres que lo harían por el reconocimiento. Como quería una compañía que utilizara los mejores elementos de la competitividad, cuidadosamente evité concursos donde sólo podría haber una, dos o tres ganadoras. Estoy convencida que la competitividad es más productiva cuando compites contra ti misma. Así que en Mary Kay Cosmetics, ¡todas pueden ser ganadoras!

Así como el listón de «Miss Dallas» era un símbolo de mi victoria, toda organización conforma su propio juego de símbolos. Una vez trabajé para una compañía que otorgaba pequeñas «copas de la amistad» por cumplir con la cuota de mil dólares mensuales al mayoreo. Como puedes imaginar, hice todo lo que pude para lograr cuantas me fuera posible. Las puse en la repisa de mi chimenea hasta que me faltó espacio y pronto tenía tantas que terminaron en una caja del armario. La única diversión que me dieron era cuando la gente me preguntaba que para qué eran esas «copas de la amistad» y yo contestaba: «Para dar amistad, por supuesto».

Eso me enseñó que los símbolos deben ser bonitos y útiles. En Mary Kay ganamos reconocimiento internacional por «símbolos» como autos, pieles, vacaciones y brillantes. Todo comenzó con algo que yo llamé el Club de la Copa Dorada. Mi intención era sencilla: por cada transacción mensual al mayoreo de mil dólares, una Consultora ganaría una bella copa con chapa de oro. Cuando alguien completaba un juego de doce copas, podría entonces ganarse una bandeja a juego. Después de ganarse veinte copas, se ganaba una jarra; y pronto podría tener un bello juego para su comedor.

Emocionada le conté mi plan a Richard. «Todo lo que tiene que hacer para ganar una copa dorada es vender mil dólares de mercancía al mayoreo en un mes».

Richard me vio incrédulo. «Seamos *realistas* —me dijo—. Nuestras vendedoras más destacadas venden aproximadamente 150 dólares por semana. ¿Y me hablas de vender mil dólares en un mes? ¿Tú crees que van a hacer eso para ganarse una copa tonta?»

Ten en mente que eran los días cuando todavía publicábamos los nombres de las personas que vendían cien dólares o más en una sola semana. (Sí, ¡los cinco nombres completos!) Sin embargo, yo recordé el concurso de «Miss Dallas». El reconocimiento es la clave, pensé.

—Sí, Richard —dije firmemente—, trabajarán por la copa. Este va a ser un club muy exclusivo. Sólo unas cuantas personas serán dueñas de una copa dorada y lo harán porque quieren el reconocimiento que la copa simboliza.

«Creo que has perdido la cabeza», fue lo que me dijo él. En su opinión, nadie en el mundo se iba a matar para ganar una copa, aunque ésta estuviera chapada en oro.

Pero muchas mujeres lo hicieron. Compitieron contra sus propias marcas a fin de ganar esas copas. Después de uno o dos años tuvimos que dejar de afiliarlas a este club, estábamos dando demasiadas. Luego en unos pocos años comenzaron a preguntarnos si la compañía consideraría recomprarlas porque muchas Consultoras sencillamente no tenían uso para tantas y tantas copas doradas.

A partir de este programa pionero desarrollamos la Escalera de Éxito, también basado sobre el principio de que una persona compite mejor cuando compite contra ella misma. El símbolo de esta competencia es un broche dorado en forma de escalera donde cada peldaño y cada piedra representan un nivel personal distinto. Las Consultoras y las Directoras lucen sus Escaleras del Éxito con gran orgullo. Todo mundo sabe que una persona cuya escalera está cubierta de brillantes es una cuyo desempeño es de los más altos. ¡Es como lucir en la solapa las calificaciones con sólo dieces!

En Mary Kay Cosmetics tratamos de tener concursos en donde *todas* tengan una oportunidad de ganar. He visto demasiadas competencias en donde hay un primer, segundo y tercer premios, mientras que todos los demás pierden. Una vez estaba empleada como directora de capacitación nacional para una compañía de ventas directas que usaba dichos métodos para «motivar» a la gente. Como yo capacitaba al cuerpo de ventas, era necesario que yo viajara a muchas ciudades distintas. Solía decir que lo que necesitaba más en ese trabajo era un traje de asbesto porque adondequiera que fuera tenía que apagar «incendios» antes de poder dedicarme a la capacitación. No se puede enseñar y motivar a las personas que están en competencia entre ellas mismas.

Yo sabía que en mi compañía no quería ver que alguien tuviera que pisar a otra para ganar un concurso. ¡Ese tipo de competitividad solamente puede ser destructiva! Andrew Carnegie dijo una vez: «El primer hombre obtiene la ostra, el segundo obtiene el caparazón». Una competencia en la que sólo puede haber un ganador puede motivar a algunas personas pero yo creo que por lo general ocasiona efectos adversos. En Mary Kay Cosmetics todo mundo tiene la oportunidad de lograr la ostra, el caparazón *y la perla*. Pero nosotros vamos más allá: en lugar de perlas, premiamos con zafiros, rubíes y brillantes.

Hoy, Mary Kay Cosmetics es más que una idea o una ensoñación de mi jubilación. Se ha convertido en una realidad y, para mí, en un sueño realizado. Lo lindo de todo esto es que todos los días veo que el sueño se realiza para otras mujeres.

3

La compañía de mis sueños

PASÉ VEINTICINCO AÑOS haciendo carrera en un mundo de negocios dominado por el hombre. Francamente puedo decir que cuando me jubilé en 1963 nunca me cruzó por la mente la idea de organizar mi propia compañía.

Sin embargo, tenía algunas opiniones generales sobre la estructura y la operación de un negocio exitoso, y algunas opiniones específicas sobre la forma en que la mujer podría superar los obstáculos a los que yo me había enfrentado. Así que me decidí por escribir un libro. Mi carrera se había desarrollado en el área de desarrollo y capacitación de personal, así que pensé que podría servir de guía para la mujer profesional. Comencé a enumerar las cosas buenas que había observado en mi vida profesional y mi convicción de que un negocio se debía operar con base en la Regla de Oro. Si un empleado pudiera tratar a los empleados y clientes como a él le gustaría que lo trataran, todos resultarían beneficiados. Conforme mi lista se alargaba, comencé a soñar con una compañía en donde la mujer tuviera la oportunidad de utilizar sus destrezas y talentos. De hecho, podría disfrutar las recompensas apropiadas para cualquier meta que fuera lo suficientemente inteligente de alcanzar.

«¿No sería maravilloso —seguí pensando— que alguien comenzara una empresa con estas características? Me encantaría trabajar para una organización así». De repente me di cuenta que no tenía que quedarme sentada deseándola y soñándola, ¡yo podía comenzar esa

21

compañía ideal! Todo lo que necesitaba era un producto que la mujer pudiera vender sin sentirse incómoda. Una noche, al prepararme para dormir, me vino la respuesta y me pareció tan obvia: los productos del cuidado de la piel que tanto me gustaban y que usaba desde hacía años serían perfectos para la empresa de mis sueños.

Había descubierto estos productos a principios de la década de los cincuenta en una fiesta de Stanley Home Products. A esta fiesta en particular asistieron alrededor de veinte mujeres cuyas edades fluctuaban entre diecinueve y setenta años. Mientras mostraba los productos Stanley, no podía dejar de observar a las mujeres a mi alrededor y de preguntarme cómo era que mujeres de edades tan dispares pudieran tener un cutis «perfecto». Era el año en que salieron al mercado las «bombillas rosadas» con la promesa de hacer que cualquier mujer luciera como si estuviera «iluminada por luz de vela» pero las bombillas por sí solas no podían explicar la belleza de los cutis que yo observaba por doquier en ese lugar.

Después de mi presentación de ventas, nos reunimos en la cocina para tomar café. Fue allí que vi que mi anfitriona repartía pequeños potes blancos con tapas negras y etiquetas a lápiz. Cuando repartía los artículos, tomaba notas en un cuaderno y daba instrucciones: «Veamos, has usado el número tres por dos semanas, así que usa el número cuatro por diecisiete días».

¡Se trataba sin duda del *secreto* para el cutis bello que todas lucían! Como la anfitriona no me había ofrecido ninguna de estas cremas, le pregunté qué hacía. Me explicó que estas mujeres eran sus «conejillas de Indias» y que se sentía responsable del cutis que todas tenían en esa habitación. ¡Todas menos yo!

Luego examinó mi cutis cuidadosamente y descubrió que tenía un problema de «acné blanco». Enfrente de veinte mujeres también concluyó que tenía un «cutis que envejecía». Sin duda no era un comentario halagador pero, claro, yo sabía que era cierto. Esa noche me dio una caja de zapatos donde había metido los productos que llegarían a ser los predecesores del «juego básico» Mary Kay de hoy. Lo que ahora conocemos como el refrescante de piel lo dispensaba en antiguos potes de boticario y los demás productos venían empacados en potes reciclados. En la caja también había una hoja de instrucciones completas con errores de ortografía y de gramática.

Debí verme un poco dubitativa durante la presentación de estos artículos porque las mujeres a mi alrededor comenzaron a decirme de las notables mejoras en su cutis. Era cierto que todas lucían fabulosas pero en alguna parte de mi mente pensaba: «Simplemente no puede ser muy bueno todo esto. Seguro les ha lavado el cerebro».

Necesité un par de días para atreverme siquiera a probar las muestras que me había dado pero una tarde me di un facial. Cuando mi hijo Richard, entonces de diez años, llegó de la escuela, me dio un beso en la mejilla y me dijo: «Mamá, qué piel tan suave». Supe entonces que había descubierto algo fabuloso.

Pronto me convertí en cliente leal, ansiosa por aprender todo lo que pudiera sobre el origen de estos maravillosos productos para el cuidado de la piel. Mi ex anfitriona me dijo que había recibido las fórmulas de su padre, un curtidor de pieles. Había notado que sus manos se veían más jóvenes que su cara y su única explicación era porque sus manos estaban constantemente sumergidas en las soluciones que usaba en su trabajo. Decidió que si estas soluciones de curtido podrían convertir las pieles duras y feas de «grandes poros» en cuero suave como la seda, seguro hacían lo mismo con su piel. Así que comenzó a experimentar aplicándose a la piel las soluciones modificadas de curtido. Cuando murió a la edad de setenta y tres años, sus experimentos le habían dado un tono y elasticidad a su cutis que normalmente se asocia con hombres mucho más jóvenes.

Había demostrado su punto pero ninguna mujer haría lo que él hacía porque su proceso de «curtido del rostro» consumía mucho tiempo y su olor era repugnante. Con la excepción de su hija, todo mundo ridiculizaba su idea. Ella se mudó a Dallas para estudiar cosmetología y después modificó sus fórmulas en cremas y lociones lo suficientemente suaves para el cutis de una mujer. Fueron estos productos los que vi en su cocina aquella noche de mi presentación de ventas. Por varios años regresé a su casa para comprar los frasquitos de formas diversas, y les presenté a parientes y amigas los maravillosos productos. Mi propia madre se convirtió en consumidora apasionada. Un Día de Acción de Gracias, mamá estaba muy enferma como para viajar, así que me fui a Houston para visitarla. Gran parte de mi visita ella se sintió mal con su apariencia al grado de no querer salir de su habitación. Le dejé parte de mis productos del cuidado de la piel y le dije: «No sé si te vayan a ayudar pero a mi cutis le han hecho mucho bien. Pruébalos».

Lo hizo. Comenzó un programa diario con la crema nocturna, la crema limpiadora, la mascarilla, el refrescante y la base. Cuando la visité en Navidad, mi madre también se había convertido en firme creyente de estos productos especiales. Fue tan fiel a su régimen del cuidado de la piel que cuando murió a la edad de ochenta y siete años, su cutis era tan bello que fueron pocas las personas que podían creer que fuera mayor de sesenta años.

Yo sabía que se trataba de productos especiales, así que en 1963 compré las fórmulas originales de los herederos del curtidor. También sabía que con el empaque correcto, un concepto innovador de mercadeo y mucho trabajo, la compañía de mis sueños podría ser una realidad.

Cuando se comienza una empresa, el proceso usual es establecer metas monetarias como «el primer año vamos a lograr cien mil dólares». Es natural entonces que me suelan preguntar cuáles eran mis objetivos financieros cuando comencé Mary Kay Cosmetics. Mi respuesta por lo general sorprende a la gente, ya que no tenía ninguno. Mi objetivo era darle a la mujer la oportunidad de lograr cualquier cosa que fuera lo suficientemente inteligente de hacer. Así que para mí las conocidas siglas P & L que en inglés representan «ganancias y pérdidas», significaban para mí *People and Love* (gente y amor).

Unos años antes de desarrollar la idea de Mary Kay Cosmetics, me volví a casar. Hasta su ataque fatal del corazón, mi esposo se hizo cargo del aspecto administrativo de nuestro plan de negocios mientras yo me hacía cargo del mercadeo. Con frecuencia él me explicaba cómo tendríamos que comprar nuestros propios artículos a un precio y venderlos al consumidor por una cantidad determinada adicional. «Así es como una empresa se mantiene a flote, Mary Kay», me decía. Su consejo entraba por un oído y salía por el otro. No me interesaba el aspecto de los dólares y centavos de ningún negocio. Mi interés en 1963 era ofrecerle a la mujer oportunidades que no existían en otra parte. En esa época, la mayoría de las compañías sencillamente no hacía espacio en sus salas ejecutivas para la mujer. Claro, si una mujer era verdaderamente excepcional, tal vez se convertía en asistente de un importante ejecutivo. Pero no llegaba más lejos. En veinticinco años había visto innumerables individuos muy capaces que no habían avanzado por el solo hecho de ser mujeres.

Yo misma me había visto frustrada por la falta de oportunidades para la mujer. Una compañía me había pagado 25 000 dólares anuales por ser su directora de capacitación nacional pero mis funciones eran en realidad de gerente de ventas nacional y por un sueldo mucho menor que lo que el puesto valía. Hubo veces en que me pidieron que llevara un hombre conmigo para capacitarlo y después de seis meses de capacitación, le pedían que volviera a Dallas para ser mi superior con un sueldo al doble del mío. Sucedió más de una vez. Lo que de verdad me enojó fue cuando se me dijo que estos hombres ganaban más porque tenían familias que mantener cuando yo también tenía una familia que dependía de mí. En esos días parecía que el precio de una mujer era sólo cincuenta centavos de un dólar en una corporación operada por hombres. *Más ofensivo* era el poco respeto que merecían las ideas de las mujeres. Una vez me enfurecí cuando presenté un muy buen plan de mercadeo y se me descartó con: «Mary Kay, piensas igual que una mujer». Supe que en *mi* compañía «pensar como mujer» sería una ventaja y no un estorbo.

Pero eso no era todo. Tenía otros planes singulares para la compañía de mis sueños. Después de trabajar para varias organizaciones de ventas directas, supe que quería eliminar los territorios asignados. Recuerdo una ocasión en que ganaba mil dólares al mes en bonificaciones de mi unidad de ventas y mi esposo aceptó un empleo nuevo en St. Louis. Como no podía llevarme mi unidad conmigo, perdí todas las bonificaciones sobre la gente que yo había reclutado, capacitado y motivado por ocho años. Me pareció esto evidentemente injusto. Yo había desarrollado un territorio pero alguien más heredó esos fabulosos vendedores y las bonificaciones sobre sus ventas.

En Mary Kay Cosmetics no tenemos límites territoriales. Una Consultora de Belleza puede estar de vacaciones en Hawai o California, o cualquier otro sitio, y reclutar a una Consultora nueva. Puede vivir en Cleveland y estar de visita con su hermana en Omaha cuando reclute a alguien. En cualquier caso, como reclutadora puede recibir una comisión por recluta personal sobre las compras al mayoreo de su recluta. Para ampliar el ejemplo, la Directora en Omaha tomará bajo su protección a la recluta nueva, la capacitará e incluirá en sus reuniones de unidad en Omaha y la guiará en su ascenso por la Escalera del Éxito. Aun así, todas las bonificaciones aplicables volverán a Cleveland, a la mujer que originalmente incorporó la nueva mujer a la compañía. Esto es lo que llamamos nuestro programa de Consultoras «adoptivas».

La recluta de Omaha puede reclutar más gente y mientras ella y su patrocinadora de Cleveland se mantengan activas en la compañía, la reclutadora puede recibir bonificaciones sobre las actividades de ventas de la recluta.

Pregúntale a cualquier asesor financiero y éste te dirá que este sistema sencillamente no puede funcionar. Sin embargo, funciona. Hoy Mary Kay Cosmetics tiene miles de Directoras de Ventas Independientes y la mayoría se desarrolla en más de un estado. Muchas enfocan su negocio en una docena de estados o más. Cada Directora de Ventas Independiente cosecha los beneficios de sus reclutas en otras ciudades y a su vez ayuda a las reclutas locales.

Los críticos dicen: «¿Por qué habría alguien de desarrollar a una Consultora adoptiva y nunca recibir un céntimo de bonificación? ¿Por qué *yo* habría de trabajar para que tu persona suba por la Escalera del Éxito y seas *tú* la que reciba todas las bonificaciones? ¡Estás loca!» Sin embargo, nuestras Directoras de Ventas no piensan así. Algunas de ellas tienen de setenta y cinco a cien Consultoras adoptivas y sin duda puede representar un drenaje sustancial de su tiempo y energía. Sin embargo, la Directora de Ventas piensa: «Sí, la ayudo pero alguien más ayuda a *mis* reclutas en otras ciudades». El sistema funciona. Si bien coincido en que un programa de esta naturaleza pudiera ser difícil de implementar en una compañía ya existente, creo que funcionaría al iniciarse en cualquier organización.

Este sistema funciona porque se basa en la Regla de Oro o el principio del «espíritu de la entrega» *(Go-Give Spirit)* como a veces lo llamamos. En Mary Kay Cosmetics nos enfocamos en dar, no sólo en obtener, y usamos esta filosofía en todos los aspectos de la compañía. Por ejemplo, ponemos en práctica el espíritu de la entrega cuando enseñamos a nuestras Consultoras de Belleza el arte de relacionarse con sus clientas. Constantemente enfatizamos que una Consultora nunca debe ver el signo de dólares en sus ojos ni pensar cuánto le puede vender ese día. En lugar de ello, debe pensar en términos de lo que puede hacer para que esas mujeres se sientan bien con ellas mismas cuando se vayan. ¿Cómo les puede ayudar a que desarrollen una percepción de sí mismas más positiva? Sabemos que si una mujer se siente bonita en el exterior, se vuelve más linda en el interior también. Además, se convierte en mejor miembro de su familia y de su comunidad.

Otra piedra angular de Mary Kay Cosmetics fue mi deseo de darle a las consumidoras la oportunidad de aprender más sobre cosméticos en un ambiente más natural y relajado antes de comprar un solo artículo. Mucho antes de comenzar la compañía aprendí que la mayoría de las mujeres no comprenden ni el porqué compran un producto específico ni la forma en que dicho producto va a satisfacer sus necesidades particulares del cuidado de la piel. En resumen, no saben cómo cuidar su piel. Su rutina normal es comprar un frasco de esto en una tienda departamental, comprar un frasco de aquello en la farmacia, añadir otra cosa de otro lugar y luego usarlo todo a la buena de Dios. Sabía que esto era cierto porque yo misma lo había hecho. Había gastado cientos de dólares en cosméticos que nunca usé. Todos se veían estupendos en la tienda pero cuando los llevaba a casa nunca parecían hacer lo que yo esperaba. Vi esta situación como una oportunidad maravillosa para enseñarle a la mujer sobre el cuidado total de la piel.

Para lograrlo, creé una presentación de ventas pequeña (o clase del cuidado de la piel) para no más de cinco o seis mujeres. Si bien las demás compañías de ventas insistían en las «fiestas» y pedían a la anfitriona que procurara de doce a veinticinco personas para una demostración de productos, yo me di cuenta que dicho sistema creaba numerosos problemas. Primero, muchas anfitrionas sentían que su casa no tenía espacio para tanta gente; mientras que otras decían que como tenían que servir bocadillos y bebidas, no disponían de tantos vasos o tazas buenas. Sobre todo, todas reconocían que las demostraciones tan grandes eran impersonales. Yo quería que nuestras Consultoras trabajaran con grupos pequeños para que cada persona recibiera atención individual. Al enseñarle a que sólo tuviera de cinco a seis personas, nuestra Consultora puede evaluar las necesidades de cada mujer y contestar todas sus preguntas. Por ejemplo, puede enseñar a una mujer cómo limpiar su cutis, cómo hacer que los labios delgados se vean más llenos o cómo usar técnicas de contorno para hacer que su cara redonda parezca más ovalada. Nuestra especialidad se volvió la personalización del proceso de belleza. Quería que todas las mujeres que salieran de una clase del cuidado de la piel Mary Kay supieran cómo mantener apropiadamente una piel saludable, así como las mejores maneras de usar los cosméticos para realzar su belleza natural.

A medida que crecía la popularidad de nuestros métodos, se nos abordó sobre la forma de vender productos Mary Kay en las tiendas por departamentos. Sin embargo, ésa no era la respuesta para nosotros. La mayoría de las mujeres se sienten muy cohibidas para quitarse el maquillaje en un lugar público o apartar tiempo de compras para una consulta prolongada. Sin instrucciones apropiadas, una mujer podía verse como Linda Evans en la tienda y como Drácula cuando en casa intentara recrear «la imagen». En un ambiente hogareño, cada mujer puede aprender a aplicarse su propio maquillaje enfrente de su propio espejo y con luz natural. Una vez que se completa este proceso, lo que haya aprendido sobre la aplicación correcta del maquillaje lo podrá volver a aplicar hoy, mañana y siempre.

Igualmente importante es el hecho de que cuando una mujer tiene una oportunidad de aprender sobre el cuidado de la piel de este modo, comprará únicamente los productos que satisfagan sus necesidades individuales. Como lo he señalado, nuestra política en las clases del cuidado de la piel de Mary Kay es la de instruir, no vender.

De hecho, atraemos a muchas Consultoras de Belleza que no estarían con nosotros si tuvieron que presionar a las clientas. Sin embargo, todas estas mujeres sí comparten dos características de personalidad: les gusta ayudar a la gente y les gusta presentar nuevas ideas e información importante. La Consultora exitosa disfruta de presentar nuestros productos de manera entusiasta y conocedora. En resumen, a todo mundo le gusta ser maestra del cuidado de la piel. Además, fieles a nuestra filosofía educativa, somos una de las pocas compañías que ofrecemos una garantía incondicional de la devolución del dinero. Después de todo, si pruebas un producto y luego te das cuenta que es inapropiado para ti, eso también es progreso, ya que cuando hagas la selección correcta, serás el tipo de consumidora que nos gusta tener.

Otro problema que intenté evitar en la compañía de mis sueños fue el de las dificultadas a las que me enfrenté cuando la clienta recibe su mercancía dos o tres semanas después de la compra. En lo personal, ¡soy demasiado impetuosa para eso! Cuando quiero algo, lo quiero al momento; no me gusta esperar tres semanas. Después de todo, en tres semanas tal vez olvide el motivo por el cual lo quería en primer lugar. Estos problemas de distribución siempre se incrementan cuando una compañía de ventas directas intenta mantener una línea de productos de varios cientos de artículos. Ninguna Consultora de Belleza Independiente puede tener en existencia tantos artículos para entrega inmediata. Así que en Mary Kay Cosmetics nuestra filosofía es la de limitarnos nosotros mismos con toda intención a un número mínimo de productos esenciales del cuidado de la piel y artículos de maquillaje. Exhortamos a cada Consultora a que tome un pedido, haga entrega de los productos y cobre su dinero el mismo día de la presentación de ventas. No requerimos que nuestras Consultoras compren ninguna cantidad específica pero quienes mantienen en inventario existencias suficientes aprenden rápidamente que la gente les compra más de buena gana cuando se pueden llevar sus productos a casa.

Te dije al comienzo de este capítulo que yo quería darle a la mujer la oportunidad de que desarrollara su potencial completo. Las estrategias de mercadeo, los procedimientos de comisiones revolucionarios, el desarrollo de productos y las técnicas de distribución eran todos elementos esenciales de mi plan pero me di cuenta que ninguno de mis sueños duraría si no podíamos establecer una buena política fiscal. Sí, eso quiere decir dinero; tuve que enfrentarme al asunto del dinero. Mi problema era cómo mantener la solvencia de nuestra compañía y seguir proporcionando a nuestras Consultoras la mejor escala de comisiones posible. Mi respuesta fue tratar con dinero en efectivo. Las malas deudas son el motivo principal del fracaso en otras compañías de ventas directas. Se han perdido excelentes representantes de ventas no porque no sean honrados, sino porque no son buenos administradores de dinero.

En Mary Kay Cosmetics, nuestras Consultoras y Directoras pagan por adelantado por cada artículo de mercancía y pagan con cheque de caja, giro postal, MasterCard o Visa. No aceptamos cheques personales para el pago de pedidos de productos. No se trata de falta de confianza, es sencillamente nuestra convicción absoluta en la sabiduría expresada en nuestro sistema capitalista estadounidense de compre y llévese. Ninguna Consultora Mary Kay puede tener una deuda con nuestra compañía y como resultado, tenemos muy pocas cuentas por cobrar y ningún gasto por la cobranza de malas deudas. Lo mejor es que todo mundo se beneficia porque pasamos nuestros ahorros en forma de comisiones más altas. La Consultora Mary Kay es una persona de negocios independiente y la exhortamos a que opere su negocio propio de la misma manera.

La mayoría de los expertos financieros se asombran con nuestro sistema; resulta inaudito en una compañía de nuestras dimensiones. De hecho, cuando comencé la compañía, mi contador vio mis planes para la distribución de mercancías y mi tabla de comisiones altas y dijo: «No hay modo, Mary Kay. No puede exigir efectivo y luego pagar tantos centavos por cada dólar que gane. No puede operar así, sencillamente no funcionará». Sin embargo, mi hijo y nuevo socio de negocios había analizado cada detalle. Richard dijo que funcionaría y yo lo sabía sin el menor asomo de duda.

Mi contador no fue el único incrédulo. Varias personas bienintencionadas —entre ellos mi abogado— me aseguraron que mi compañía fracasaría. Después de todo, ¿quién había oído de una empresa basada en la Regla de Oro? Mi abogado llegó al grado de pedir un folleto a Washington, D.C. donde se detallaba la manera en que muchas compañías de cosméticos llegaban a la quiebra cada año. Una y otra vez la gente me dijo: «Mary Kay, estás soñando».

Sí, yo soñaba. Sin embargo, así fue como comenzó todo. Cuando pienso en el pasado y veo lo que ha ocurrido en esta compañía, estoy más que convencida que fue más que el sueño de una mujer. Creo que mucho antes de sentarme a escribir mi guía de capacitación y dar forma a mi sueño, Dios en su infinita sabiduría tenía un plan. Su plan era usar la compañía de mis sueños como un vehículo para la mujer en todo el mundo. En lugar de una puerta corporativa herméticamente cerrada con el letrero «Sólo hombres», nuestra compañía era un portal amplio y abierto con la invitación «Bienvenidos todos, *especialmente* la mujer».

4

Mary Kay Cosmetics: los primeros años

EN MI FAMILIA se ha vuelto tradición reunirnos en mi casa el Día de Acción de Gracias. Hace unos años cuando me preparaba para recibir a la familia para esta festividad (¡íbamos a ser cincuenta y tres!), me di cuenta de que los dos enormes pavos que había comprado no cabrían en mi horno al mismo tiempo. Esto era un problema real, ya que si bien podía cocinar un pavo un día antes de la festividad, pensé que tal vez perdería algo de su sabor de pavo «recién hecho». Aunque tenía horno de microondas, me gustaba que mi pavo se cocinara larga y lentamente.

Luego recordé algo que tenía guardado en mi cochera: mi viejo y confiable asador. Lo sacudí y comprobé que todavía servía. Pensé: «Ah, mi viejo y confiable asador que nunca me defrauda». De repente mi mente se vio embargada de viejos y buenos recuerdos. Había usado ese asador en 1964 cuando preparé la comida para el Seminario de nuestro primer aniversario.

Mientras lavaba el asador sentí el impulso de pellizcarme para comprobar que no soñaba. Me parecía toda una vida pero eran apenas un par de décadas. «Qué camino el nuestro que hemos recorrido, viejo amigo», le dije al asador.

La primera oficina matriz de Mary Kay Cosmetics era una tienda de cuarenta y seis metros cuadrados en Exchange Park, un banco grande con complejo de oficinas en Dallas. Como ya dije, abrimos nuestras puertas el viernes 13 de septiembre de 1963, exactamente un mes despés del fallecimiento de mi esposo. Yo había invertido lo que pensaba era una fortuna (cinco mil dólares) en fórmulas, frascos y equipo de oficina usado, y comenzaba lo que terminaría siendo toda una aventura.

Richard y yo teníamos grandes esperanzas en nuestra ubicación; el Exchange Bank ocupaba una gran parte del primer piso del edificio y varias compañías nacionales ocupaban la mayoría de los demás pisos. También había varios negocios pequeños, entre ellos una cafetería, una farmacia y un restaurante. Nuestras oficinas estaban en un centro que servía a las cinco mil mujeres que trabajaban en todo el complejo de oficinas. Estábamos seguros de que obtendríamos muchas ventas del mercado cautivo; pasaban frente a nosotros todas las mañanas para ir a su trabajo y luego otra vez por la tarde cuando iban a casa. Mucho tiempo después de nuestra apertura, estábamos en lo cierto: pasaban frente a nosotros… ¡sin detenerse! Por la mañana iban apresuradas para llegar a tiempo a su trabajo y por las tardes pasaban ansiosas por volver a casa. Nuestra única ventaja era que tenían un descanso para el café dos veces al día. Muy pronto aprendimos a dar los faciales más rápidos vistos hasta entonces. Hasta aprendimos a secar la mascarilla rápidamente con un ventilador eléctrico.

Como dije, seguíamos con grandes esperanzas. Sinceramente, habíamos anticipado que iba a ser difícil lograr que la mujer se detuviera para familiarizarse con una desconocida línea de cosméticos. La mujer suele decir: «Tengo años con la marca X y estoy muy satisfecha». Necesitábamos algo para atraer a las clientas y se me ocurrió ofrecer pelucas a la medida. En 1963 las pelucas eran artículo candente de moda, así que me fui a Florida para un curso de capacitación y compramos pelucas de alta calidad hechas de cabello humano para tener en inventario. Estábamos listos para vender. Si no triunfábamos, sabía que tendría que volver a trabajar para alguien más por el resto de mis días.

Richard tuvo la idea de tener una gran apertura lujosa. Contratamos a un famoso estilista de pelucas, Renée de París, para que peinara las pelucas que se compraran ese día y contratamos una linda modelo para que les sirviera champaña a las clientas. Admito que nunca me sentí cómoda con la champaña y con tener una modelo pero acepté el juicio de que yo era anticuada. Por supuesto, ¿a quiénes crees que atrajo la modelo? A los hombres del edificio, no a las mujeres. Sin embargo, vendimos como una docena de pelucas a las mujeres que sí asistieron y Renée las peinó muy elegantes. Naturalmente, las rubias compraron pelucas oscuras y las de pelo oscuro querían pelucas rubias.

Todos estábamos muy emocionados con las ventas de ese primer día hasta que llegó la mañana del lunes. Fue cuando aprendimos que es un error terrible comprar una peluca notablemente distinta al color de tu cabello. Una peluca debe complementar el atuendo de la mujer y ayudarla a verse bien cuando no tiene tiempo de arreglarse su propia cabellera. Sin embargo, no nos dimos cuenta de lo importante que era remarcar este dato a nuestras clientas, así que les vendimos lo que ellas querían. Claro, en cuanto llegaban a casa, los amigos y la familia les decían algo como: «Ay, Ricitos de Oro, ¿qué te pasó?» Entonces no teníamos una política de devolución en el caso de las pelucas peinadas al gusto pero honramos todas las peticiones hasta que todas y cada una de las clientas quedaron satisfechas.

Después de esta experiencia tuvimos mucho cuidado de aconsejar a las mujeres sobre el color de la peluca que debieran elegir. En realidad las pelucas resultaron ser un acierto, atrayendo muchas veces a las mujeres para que también compraran cosméticos. Nuestras Consultoras de Belleza llevaban las pelucas a las clases del cuidado de la piel pero como nuestro interés principal era el cuidado de la piel, no las presentaban hasta que se hicieron los faciales. Llevar las pelucas a las clases representó muchos tipos de problemas nuevos. Primero, el estilo de una peluca para una persona puede ser totalmente inapropiado para alguien más. Por lo tanto, las Consultoras tenían que llevar varias de esas pelucas caras adondequiera que fueran. Además, si no se manejaban con cuidado, el juego se podía arruinar fácilmente.

Por último, las pelucas ocupaban mucho espacio en nuestra tienda de Exchange Park. Las peinábamos y almacenábamos en la trastienda, por lo que ese cuarto siempre estaba lleno de secadoras y rizadores para el cabello. Como recibíamos a las clientas en la tienda, la manteníamos lindamente decorada, pero con tantos accesorios de las pelucas no había lugar para almacenar nuestros cosméticos. Nos vimos forzados a alquilar un sótano como almacén. Fue entonces que comenzaron nuestros problemas porque para tener acceso a las existencias en inventario, teníamos que salir del centro donde estábamos, caminar media cuadra, bajar una larga escalera y luego otros noventa metros una vez que llegabas al sótano. Equivalía a una caminata de dos cuadras. Richard se hacía cargo de las cuentas pero también tenía la tarea de ir al almacén a surtir los pedidos.

Aunque todavía parecía un adolescente, siempre insistí en que Richard se vistiera como hombre de negocios. Una vez que se lograba la venta, tomaba muy formal el pedido. «Sí, señora, enseguida vuelvo.» Luego caminaba hacia las escaleras, se quitaba el saco y corría por el centro comercial. Para cuando llegaba al área de almacenaje, ya no traía puestos ni saco ni corbata. Una vez que surtía el pedido, se volvía a poner el saco y la corbata, enderezaba los hombros, corría otra vez hasta la tienda y ponía el pedido en manos de la clienta, muy digno y serio. Indudablemente, corría incansable una y otra vez por esas escaleras. Conforme crecía nuestro negocio, también crecían sus funciones administrativas. Finalmente vino a su salvación Ben, su hermano mayor, que se incorporó a nuestro negocio. Ben trabajaba en el área de almacenaje, así que lo llamábamos con los pedidos.

A principios de 1965, Richard anunció: «Estoy harto de estas pelucas. ¡Hay que deshacernos de ellas!» Y sí, la situación era ridícula. Calculamos que la Consultora requería ocho horas para vender una peluca. Primero tenía que traer a la clienta para venderle y ajustarle la peluca, luego tenía que traer a la clienta una segunda vez para que recogiera su producto. Era mucho tiempo invertido de parte de todos, así que resultó ser un acierto quitar las pelucas de nuestra línea. Nuestras Consultoras se concentraron en los productos del cuidado de la piel y nuestras ventas ascendieron a veinte mil dólares el siguiente mes.

Ahora ya verdaderamente se trataba de una empresa familiar, ya que pronto se nos unió mi hija Marylyn. Al cumplir los dos meses con nuestro negocio, había visitado a Marylyn en su casa en Houston y le había dado un maletín con nuestros productos. Nada más, ya que no le di un manual de capacitación. «Haz algo con esto», le dije. Por supuesto, Marylyn había usado los productos por años, así que no había necesidad de convencerla de nada. Además de cuidar de sus hijos, Marylyn fue una de nuestras primeras Directoras. Por cuatro años (hasta que problemas médicos con su espalda la obligaron a dejar el negocio) fue una de nuestras mejores representantes. Estoy segura que de haber seguido, se hubiera convertido en una de las Directoras destacadas de nuestra organización.

Mis primeras Consultoras de Belleza —sí, las *nueve*— se unieron a nosotros porque eran amigas y porque tenían confianza en nosotros cuando les dijimos que lo lograríamos. Había otras vendedoras (tal vez con mayor experiencia) que me hubiera gustado reclutar pero había tomado la firme decisión de no reunir a gente que trabajara con otras compañías de ventas directas. Mi primera Consultora, Dalene White, había trabajado anteriormente en la compañía de mi marido y aceptó venirse con nosotros en señal de amistad. Hoy Dalene es una de nuestras Directoras Nacionales de Ventas y sus ganancias han superado con mucho cualquiera de sus sueños más aventurados. Habría de convertirse en una de nuestras primeras Millonarias Mary Kay. Se trata de un honor otorgado cuando una Directora Nacional de Ventas gana más de un millón de dólares en comisiones. A la fecha hemos tenido setenta y cuatro Millonarias Mary Kay, veintisiete de las cuales se han convertido en multimillonarias. ¡Nada mal para una operación que comenzó «como una esperanza y con una oración»!

Algunas de esas Consultoras originales habían pensado en unirse a nosotros sólo por un tiempo. Aparentemente, era tanto mi entusiasmo que no podían decir que no. Por supuesto, hubo gente que dijo que no y que sólo estaba a la espera de vernos ir a la quiebra. En retrospectiva, se podría decir que cometieron un error pero recuerda que entonces todo parecía indicar que realmente no sabíamos lo que hacíamos. Todo estaba en fase experimental, sólo seguíamos hacia delante y guiándonos por la Regla de Oro.

Es importante que los gerentes tengan «experiencia en el campo» si de veras habrán de ser de ayuda para su cuerpo de ventas. Por esta razón al principio también yo daba presentaciones de ventas. Aprendí que la gente no aprecia ver que la propietaria de una compañía haga el contacto inicial. Su pregunta era: «¿Usted es *dueña* de esta empresa y está en mi casa dándome un facial? Seguro se trata de una compañía muy pequeña». Por lo visto daban por sentado que si la compañía era tan pequeña, entonces los productos no podían ser muy buenos. A mí me encantaba dar las clases del cuidado de la piel pero pronto me vi obligada a admitir que con base en mis experiencias y por lo que las Consultoras me decían, sería mejor si no lo hacía. Sin embargo, en un periodo de tiempo pudimos desarrollar una presentación de ventas y un programa de capacitación de ventas uniformes.

Una de las cosas en las que me concentré en nuestros primeros años fue en la creación de un manual de instrucción para las Consultoras. Trabajé con mucho ahínco y al terminar el primero, pensé que era más bien impresionante. ¡Constaba de cinco páginas! ¡Y una de ellas era la carta de bienvenida! Hoy la *Guía de Consultoras Mary Kay* tiene más de doscientas páginas. Se ha ido desarrollando en la medida en que nuestras exitosas Directoras han aprendido y compartido su conocimiento.

Comenzamos con un juego del cuidado básico de la piel que constaba de crema limpiadora, mascarilla mágica, refrescante para la piel, crema de noche y base *Day Radiance*. Los productos venían en pequeños potes, y cada Consultora tenía un juego que pasaba alrededor del grupo para que cada mujer lo usara. Eso era antes de que tuviéramos conciencia sanitaria y de cuán fácilmente los microorganismos de la piel de una persona pueden ser dañinos para otra. Ahora que lo pienso, ¡me horroriza que no lo hubiéramos sabido!

Siempre supimos que los cinco artículos del juego básico de la piel funcionaban juntos para ayudar a mantener bello el cutis de la mujer. A pesar de ello, al comienzo dividíamos el juego y le vendíamos a la mujer cualquier artículo individual que ella nos pidiera. Unos cuantos meses después solíamos recibir llamadas de las mujeres que sólo habían comprado algunos de los artículos diciéndonos que no les habían hecho ningún provecho. Al comienzo hasta dividíamos la base si es lo que la clienta quería. Este producto venía en una variedad de tonos de piel y en una base de color amarillo para cubrir las manchas rojas. Si una Consultora atendía a tres personas y una de ellas quería una pequeña cantidad de un producto, digamos la base *Day Radiance* amarilla, la Consultora tomaba un cuchillo y un poco de papel encerado, dividía en tres partes una base *Day Radiance* y dejaba que las clientas participaran en un sorteo para ver quién ganaba la caja. No puedo creer que hacíamos esto pero así fue. Dividir el juego básico de esta manera era como darle mi receta para un pastel de chocolate sin incluir el chocolate ni el azúcar. ¡Simplemente no iba a hacer mi pastel de chocolate! Por ejemplo, si se aplicaba la mascarilla sola sin haber limpiado el cutis antes y seguirle con el refrescante de piel, podría tener un efecto de resequedad. Los productos del juego básico siempre se han complementado mutuamente. Al final concluimos que no dividiríamos el juego básico. Decidimos que primero nos enfrentaríamos al enojo inicial de una consumidora en lugar de fallarle con los resultados deseados.

Nuestros primeros productos en inventario incluían el juego básico y los artículos adicionales de maquillaje: rubor, paletas de color para labios y ojos, rímel y lápiz para cejas. Recuerdo que en nuestro primer día teníamos almacenada la línea completa de Mary Kay en un estante de acero de 9.95 dólares que yo había comprado en Sears. Hoy tenemos aproximadamente cien productos en toda la línea (sin incluir las variaciones de tonos) y la Consultora promedio probablemente tiene más existencias en inventario que toda la compañía el día de nuestra apertura.

Cuando comenzamos Mary Kay Cosmetics, pensábamos que nuestros productos eran maravillosos; aun así, sabíamos que los podíamos mejorar. Ahora invertimos millones de dólares en la investigación para seguir mejorando y refinando cada producto de la línea. Hoy, hay fórmulas para virtualmente cada tipo de piel porque, como dije, nuestra especialidad es la individualización del proceso de belleza. Queremos que la mujer obtenga los mejores resultados posibles, así que le enseñamos a usar nuestros productos para su mejor provecho.

Al principio, nuestros productos los hacía una compañía privada de manufactura en Dallas. Elegí esta empresa porque era operada por un hombre con una excelente reputación en el campo de los cosméticos y queríamos alguien que fuera ético y confiable. Le llevé las fórmulas al presidente de esa compañía y él con mucha calma le dio todo a su hijo. Después de nuestro pequeño pedido, estoy segura que pensó que no nos volvería a ver. Pero volvimos con un segundo pedido y con un tercero y así sucesivamente. Unos cuantos años después pudimos invitar a su hijo a que se incorporara a nosotros y encabezara nuestra división de manufactura.

Cuando primero comenzamos nuestro negocio, Richard, Ben y yo rendíamos jornadas de dieciséis y dieciocho horas a fin de enfrentar todos los pendientes por hacer. A veces, después de surtir y empacar pedidos, escribíamos y mimeografiábamos nuestro boletín hasta las dos de la madrugada. Sin embargo, nuestro arduo trabajo rindió frutos. En nuestros primeros tres meses y medio habíamos logrado una pequeña ganancia de 34 000 dólares en ventas. El primer año de calendario nos trajo 198 000 dólares en ventas mayoristas y al final del segundo año, habíamos alcanzado el increíble total de 800 000 dólares.

Después de tan sólo un año en el negocio, habíamos crecido a tan grande escala que necesitábamos nuevas oficinas. Cambiamos nuestra oficina matriz a 1220 Majesty Drive. Ahora teníamos tres oficinas «de verdad» (una para Richard, otra para Ben y una para mí), un salón de capacitación y un enorme almacén de 464 metros cuadrados. ¡A nosotros nos parecía el Grand Canyon! Lo mejor de todo era que nadie tenía que correr por todo el centro y bajar escaleras para llegar a un sótano.

El 13 de septiembre de 1964 tuvimos la primera convención de la compañía y la llamamos el «Seminario». El Seminario sigue siendo un enorme acontecimiento para nosotros (después describiré cuánto ha crecido hasta su formato espectacular de hoy). Para este primero no podíamos pagar el alquiler de un espacio en un hotel, así que nos reunimos en el almacén de nuestro local en Majesty Drive. Todavía recuerdo el entusiasmo compartido y lo mucho que intentamos economizar. Decoramos el almacén con papel crepé y globos. Preparamos un menú de pollo, relleno de pan de maíz con jalapeño y ensalada de gelatina. Compramos platitos de cartón demasiado fino como para cortar en ellos, así que cociné y deshuesé el pollo para doscientas personas una semana antes, hice el relleno y congelé todo. El gran día, descongelé todo y lo volví a calentar en aquel viejo asador. También hice una enorme ensalada de gelatina de sabor de naranja rellena con otros ingredientes deliciosos. Sin embargo, se me olvidó tomar en cuenta que era septiembre y, en Texas, no podemos decir que el mes de septiembre sea fresco. ¡La gelatina se derritió por todas partes! Sin embargo, la gente se quedó en sus lugares, con sus platos mojados en el regazo y pusieron su mejor cara. Richard contrató una banda de tres músicos y Ellen Notley, una Directora de Tyler, Texas, horneó un enorme pastel decorado con las palabras «Feliz primer aniversario». Había sido un muy feliz aniversario, ya que al final de nuestro primer año la familia del negocio Mary Kay tenía doscientas personas maravillosas.

Después de la cena yo hice las veces de maestra de ceremonias y tuvimos nuestra primera noche de premios anuales. Fue muy modesta comparada con lo que hacemos ahora pero estábamos fascinados. Siempre conservo una copia de todos los discursos que he dado, ya que con frecuencia los reviso y actualizo para presentaciones subsecuentes. (¡No tiene caso desperdiciar un buen pensamiento!) Hace poco revisé los discursos de Seminarios pasados. Las partes de un discurso preferido han reaparecido en varias ocasiones pero en su forma original el texto decía: «Y el año próximo esperamos tener tres mil personas en nuestro cuerpo de ventas». Recuerdo haber basado esta declaración en las proyecciones de mercado de Richard; sin embargo, al decir esa cifra, no podía imaginarme que alguna vez llegara a ser cierto. El año siguiente usé la misma página de mi discurso, sólo que el cálculo se reemplazó por la cifra de once mil. Más adelante en mi colección, encontré la misma página con una nota al margen que decía: «que sean cuarenta mil». Hoy, cientos de miles de Consultoras de Belleza le enseñan a la mujer el sistema Mary Kay del cuidado de la piel y seguimos en crecimiento. Por lo visto tendré que dejar este dato en blanco para la próxima vez que se reimprima mi discurso, entonces podré apuntar nuestro total actual.

Nuestro crecimiento nos ha traído muchos cambios. Para empezar, no se puede dar de comer a miles de Consultoras con un solo asador. El viejo asador se ha retirado de sus funciones de Seminario pero quiero que sepan que aún puede preparar una magnífica cena de Acción de Gracias.

5

El entusiasmo al estilo
Mary Kay

POR ALGÚN MOTIVO el canto parece unir a la gente. ¿Recuerdas cuando se cantaban los vítores para los equipos deportivos de nuestras escuelas? Ese espíritu de grupo que todos vivimos se conoce como «compañerismo».

Cuando trabajaba para Stanley Home Products, la compañía tenía varias canciones que siempre se cantaban antes y durante nuestras juntas de ventas, y de veras que ayudaban a fomentar la unidad y el compañerismo. Después de dejar Stanley, me uní a World Gift, una compañía que no tenía ese espíritu. De hecho, cuando primero me incorporé a esa compañía, todos me parecían un poco fríos. En un intento por romper el hielo, presenté un concurso de canciones y a la gente se le ocurrieron docenas de canciones para World Gift. Vi la forma en que estas canciones cambiaban el temperamento de todo el cuerpo de ventas.

Así que cuando comencé Mary Kay Cosmetics, decidí que tendríamos un concurso de canciones para Mary Kay. Seleccionaríamos las que nos parecieran las mejores canciones, las cantaríamos en el Seminario y otorgaríamos premios a las que generaran el mayor entusiasmo.

El secreto para que una canción resulte bien acogida es escribir uno su propia letra con la tonada de una bien conocida. La canción de mayor aceptación en nuestra organización surgió cuando alguien escribió *I've Got That Mary Kay Enthusiasm* para la música de un conocido y apreciado himno. La cantábamos en todos los eventos significativos de las Consultoras de Belleza. Sin pretender ser irreverentes, *That Mary Kay Enthusiasm* se convirtió en una canción tema.

Tradicionalmente, nuestras reuniones de ventas se llevan a cabo los lunes y el entusiasmo desempeña un papel importante en estas reuniones. Para muchas personas el lunes simboliza el término de un fin de semana sin preocupaciones y el comienzo de una semana de trabajo. Sin embargo, si la semana pasada no fue buena para ti, lo fue para alguien más. Así que solemos decirles a nuestras Consultoras: «Si tuviste una semana mala, necesitas la reunión de unidad; si tuviste una semana buena, la reunión de unidad te necesita a ti». Cuando la Consultora se va, tiene la semana completa para dejar que la inspiración, la motivación y el entusiasmo de la reunión de unidad del lunes le rinda frutos. La semana comienza con nota alta.

Creo que así como las reuniones de unidad de los lunes generan entusiasmo, un padre puede generar entusiasmo para su familia. Por ejemplo, si la madre comienza el día malhumorada, las probabilidades son que toda la familia saldrá de la casa con la misma actitud. Incluso aunque no lo sienta, las madres debieran hacer un esfuerzo por sonreír y decir un alegre «buenos días, ¿cómo estás?» Pronto también ella se comenzará a sentir alegre aunque no hubiera empezado el día así. El entusiasmo es contagioso, incluso para uno mismo. De veras creo que si actúas con entusiasmo, te volverás entusiasta, y no sólo por un día, ¡sino para toda la vida!

Uno de los mejores ejemplos de volverse entusiasta ocurrió hace años cuando le pedimos a una persona prominente que diera un discurso para las Directoras y Consultoras Mary Kay. Su vuelo se demoró, así que fue necesario seguir improvisando el programa hasta que llegara. Por fin, se me hizo la señal de que acababa de llegar y esperaba tras el escenario.

Como yo era la maestra de ceremonias, tenía una página con sus reconocimientos y logros, y con mucho entusiasmo comencé a presentarlo. Mientras hacía esto, lo alcanzaba a ver tras bambalinas dándose de golpes en el pecho y saltando. ¡Parecía un gorila! Pensé: «Dios mío, aquí estoy diciendo todas estas maravillas de este hombre y se acaba de volver loco». Nunca había visto que alguien se comportara de forma tan extraña.

Cuando terminé con la presentación, salió dinámico al escenario y dio un discurso fantástico. ¡Verdaderamente motivador! Más tarde, sentada junto a él durante la comida, le dije: «Casi me asusta. ¿Qué hacía antes del discurso dando de saltos y golpeándose el pecho?»

—Bueno, Mary Kay —contestó—, mi trabajo es la motivación. Sin embargo, algunos días no me siento motivado como ocurrió hoy. Pasé un rato lamentable cuando se demoró mi vuelo esta mañana pero sabía que usted esperaba un orador entusiasta, vibrante y dinámico. No podía defraudarla, especialmente cuando vi a toda esa gente entusiasmada en el auditorio. Así que me tuve que «prender» y he descubierto que si acelero mi sangre con un poco de ejercicio y de golpes en el pecho, me siento mucho mejor.

Este orador se volvió entusiasta al usar una técnica externa. Sin embargo, es interesante observar que la palabra entusiasmo viene de una palabra griega que significa «Dios en el interior». Algunas personas sí parecen sacar a relucir estas características de algún punto de su interior. Hasta se le podría llamar un don natural. Estoy segura de que mi propio entusiasmo, don que Dios me dio, fue mi ventaja principal cuando comencé mi carrera en las ventas.

Cuando por primera vez aprendí lo que podría lograr el don del entusiasmo, era una joven ama de casa; nunca se me había ocurrido una vida dedicada a las ventas. Una vendedora de nombre Ida Blake tocó a mi puerta; vendía una serie de historias instructivas para niños llamada *Child Psychology Bookshelf*. Cada historia se centraba en un problema de la vida real con una solución, una moraleja subyacente para que el niño la aplicara en situaciones parecidas. Como madre joven y deseosa de enseñar a mis hijos la diferencia entre el bien y el mal, pensé que eran los mejores libros que había visto. Lamentablemente no los podía comprar por falta de dinero. Al darse cuenta de mi interés, Ida me dejó quedarme con los libros para el fin de semana. Leí cada página. Cuando vino a recogerlos, me dolió que no los pudiera dejar para mis hijos. Le dije que iba a ahorrar y que un día el juego le pertenecería a mi familia.

Cando vio me interés, me dijo: «Sabes, Mary Kay, si me vendes diez juegos de libros, te doy uno». ¡Me pareció maravilloso! Comencé a llamar a mis amigos y a los padres de mis estudiantes de la escuela dominical de la Tabernacle Baptist Church. No tenía libros para mostrar, lo único que tenía era mi entusiasmo.

Como le dije a la gente que se trataba de los mejores libros que había visto, vendí diez juegos en sólo un día y medio. Me veían tan entusiasmada, que los compradores también se entusiasmaban. Cuando Ida volvió, ¡no podía creerlo! Tenía los clientes ya listos, así que lo único que ella tenía que hacer era pasar por su casa y tomar los pedidos. Después me preguntó: «Estos libros son difíciles de vender, ¿cómo le hiciste?»

No sabía exactamente qué había hecho pero Ida me dio mi juego de libros que era todo lo que yo quería.

Ida tenía otras ideas. Me dijo: «Quiero que trabajes para mí. ¿Tienes coche?» Le dije que sí pero que yo no sabía manejar.

Teníamos un viejo y destartalado auto que mi esposo se llevaba por las mañanas a la gasolinera y por las noches a sus compromisos musicales. Ida me pidió que me asegurara de que me dejara el auto al día siguiente. Me iba a enseñar a vender libros.

Me llevó a un suburbio y tocamos puertas todo el día. Al final estaba yo exhausta. Nunca me había sentido tan cansada en toda mi vida. No logramos una sola venta. De hecho, ni una sola persona pareció remotamente interesada. Yo había vendido diez juegos en un día y medio, y no podía entender por qué ella tenía tantos problemas. No me había percatado del poder de mi entusiasmo.

A las cinco de la tarde Ida se metió en el carro por el lado del pasajero y anunció:

—Tú conduces a casa.

—Pero no sé manejar.

Eso no le importó a Ida. Decidió que si yo iba a ser vendedora, tenía que saber conducir un auto. «Vas a aprender ahora mismo», me dijo. Me dio una lección rápida y nos metimos de lleno a la hora pico en el tráfico de Houston, con los coches en fila cerrada. Prácticamente estropeé los cambios pero llegamos a casa. Al día siguiente me dejé llevar por mi entusiasmo con mi nueva destreza como conductora. Me fui en el carro hasta el restaurante de mi madre, muy orgullosa de mí misma, y tumbé dos de los tres postes que sostenían el porche en la acera que se cayeron encima de mi carro y por poco le dan al traste.

No obstante, estaba aprendiendo a manejar y gracias a Ida Blake tenía mi primer trabajo en ventas. En los siguientes nueve meses vendí 25 000 dólares en libros y, con el treinta a cuarenta por ciento de comisión, no me iba mal. Sin embargo, aún me faltaba aprender una importante lección en las relaciones con los clientes. Cuando veía a mis amigas con frecuencia estaban molestas conmigo por sus compras. No era una falla en el producto; todas acordaban que los libros eran muy buenos. Sin embargo, no los usaban. Mis clientes parecían culparme porque por mi entusiasmo habían comprado libros que no utilizaban cabalmente. ¿De qué sirven los libros que no se leen? Su pereza sin duda no era culpa mía. Aun así, aprendí que se debe enseñar a los clientes a usar exitosamente el producto, principio que habría de poner en práctica después cuando iniciara Mary Kay Cosmetics.

Mi siguiente trabajo me brindó más experiencia en ventas. Mi marido había perdido su empleo en la gasolinera, así que salimos a vender juegos de ollas en equipo. Nuestros artículos de especialidad eran las ollas de presión de aleación y sartenes dobles de alta calidad. Las ventas se propiciaban por ejemplos reales de cocina y aquí es donde entraba yo. Compraba ingredientes y los preparaba durante el día, y en la noche de la demostración, llevábamos todo a casa de la compradora potencial y hacíamos una cena. El menú siempre era el mismo: ejotes, jamón, batatas y un pastel. La preparación debiera parecer muy sencilla, aunque yo hubiera pasado mucho tiempo comprando los mejores cortes de jamón, seleccionando las batatas y los ejotes más tiernos, preparándolos cuidadosamente y preparando por adelantado la pasta para el pastel. Mi esposo hacía la presentación de ventas para varias parejas en la sala y yo estaba en la cocina preparando la comida con la olla de presión y la sartén de freír doble.

En realidad era yo quien lograba las ventas porque las esposas invariablemente venían a la cocina y me preguntaban: «¿En serio es tan fácil como se ve?» Como los utensilios de cocina eran verdaderamente maravillosos, yo podía decir que sí.

Cada cena era maravillosa pero era comida que no podíamos darnos el lujo de comprar para nosotros. Si quedaba comida después de la cena, pasaba a ser nuestra cena. Si nuestros clientes potenciales se la comían toda, esa noche sencillamente no cenábamos.

Nos vimos forzados a renunciar. Era la Gran Depresión y la mayoría de la gente no se podía comprar baterías de cocina. Además, su venta era lo que yo consideraba una «venta de presión» y nunca fui buena para eso.

En Mary Kay Cosmetics nosotros no fomentamos las ventas agresivas. Preferimos enseñar el cuidado de la piel y simplemente expresamos nuestro entusiasmo por nuestros productos. Buscamos a Consultoras que compartan nuestra filosofía educativa, no las que quieren practicar las ventas agresivas. En consecuencia, nuestro cuerpo de ventas incluye a cientos de ex maestras y enfermeras. Cuando descubren que pueden ganar tanto o hasta más de lo que ganaban en sus puestos anteriores, ser Consultora de Belleza Mary Kay se convierte en una carrera dinámica y gratificante.

Creo que la mayoría de los consumidores valoran una presentación de poca presión que a veces llamamos de «amable persuasión». Presentamos nuestra línea del cuidado de la piel de manera entusiasta y conocedora, y la mayoría creemos que se vende sola. Con frecuencia recibimos cartas de clientas y anfitrionas que elogian a nuestras Consultoras por sus presentaciones amables y profesionales.

Este tipo de ventas también afianza la lealtad de las clientas y su entusiasmo por nuestros productos. Como no somos agresivas, las clientas confían en nosotros de una forma que no harían con una empresa que utilice técnicas de presión.

También es usual que el marido de una clienta se entusiasme con nuestros productos. Una vez, la recepcionista me pasó una llamada diciéndome que en la línea estaba un hombre que pedía hablar con la verdadera Mary Kay, si es que había una.

—¿Qué quiere? —le pregunté.

—No quiere decir, sólo insiste en que quiere hablar con la verdadera Mary Kay, si es que hay una.

Le pedí que me pasara la llamada. ¡Nunca en mi vida había escuchado a un hombre que hablara tan rápido! Creo que temía que la verdadera Mary Kay le fuera a colgar el teléfono. Dijo: «Mary Kay, le llamo para agradecerle que haya salvado mi matrimonio».

Como yo no lo conocía, no podía imaginarme cómo era que yo le había salvado su matrimonio. Sin embargo, antes de que pudiera preguntarle, prosiguió: «Mi esposa y yo llevamos ocho años de casados y cuando primero la conocí, parecía haber salido de la revista *Vogue*. Ni un cabello fuera de lugar, un rostro bello y una figura fabulosa. Luego se embarazó y estuvo enferma los nueves meses. Perdió todo interés en su apariencia. Tuvimos un segundo bebé y el ciclo se repitió».

Hablaba tan veloz que no tenía oportunidad de decir palabra.

—Llegó al grado —continuó— que cuando me iba en las mañanas, se quedaba con un niño colgando de la sucia bata de casa y el otro gritando en sus brazos. Nunca se peinaba, no se ponía nada en la cara. Cuando volvía a casa por la noche, lo única diferencia que encontraba es que todo estaba peor. Hace como dos meses, fue a una clase del cuidado de la piel de Mary Kay y compró como 28 dólares de esas cosas. (Me di cuenta que esta cifra era para él como el monto de la deuda nacional.)

—Sin embargo —dijo—, la mujer que se lo vendió de veras hizo muy buen trabajo. Mi esposa seguro pensó que me enojaría con ella por haber gastado 28 dólares en cosméticos, así que cuando llegó a casa se arregló la cara. En cuanto vio el cambio, tuvo que arreglarse el cabello y vestirse. Cuando llegué a casa esa noche, ¡lucía fantástica! Hacía tanto que no la veía así que se me había olvidado lo bella que es. Lo mejor es que ahora se arregla la cara y el cabello, y se viste todas las mañanas. Además, ha perdido cinco kilos y medio. ¡He recuperado a mi chica! Me he vuelto a enamorar otra vez y ¡todo por usted!

Luego colgó. Ésas fueron sus últimas palabras: «Todo por usted». Nunca tuve oportunidad de preguntar quién era o quién era la Consultora de Belleza que había hecho tan buen trabajo. Inmediatamente me fui a una reunión de unidad y les dije lo que había

«Mi amorosa madre»

La bebé Mary Kay

A los siete años de edad

Graduación de la escuela superior

Como joven vendedora

Mary Kay con sus hijos, Ben y Richard, y personal de la oficina enfrente del edificio matriz de la empresa en 1964

Mary Kay dando autógrafos en la gira nacional de su Autobiografía

Mary Kay en 1973   *Con su marido Mel Ash, 1979*

*Mary Kay Ash con su familia. Al momento de su fallecimiento Mary Kay tenía
16 nietos, 31 bisnietos y un tataranieto*

pasado. Luego comenté: «¿Cómo saben que no fueron ustedes las que hicieron este pequeño milagro?» Todavía cuento esta historia porque si bien son pocos los hombres que se dan el tiempo de llamar, el mismo milagro probablemente se ha repetido miles de veces.

Con frecuencia mi propio entusiasmo por los productos Mary Kay logra una venta cuando menos lo espero. Un incidente interesante ocurrió en 1966 cuando mi finado esposo Mel y yo disfrutábamos de una luna de miel atrasada en Roma. Estábamos sentados en un restaurante al aire libre cerca del Coliseo, donde todo mundo se sienta lado a lado en mesas largas. Mel acababa de decir: «No he visto una sola de esas bellas mujeres por las que es famosa Europa. ¿Dónde están?»

Justo en ese momento una bellísima mujer entró: alta, esbelta y regia. Tenía un pelo negro hermoso y una complexión de marfil e iba muy bien vestida. Ambos decidimos que debía ser una condesa italiana. De suerte, resultó que el mesero la sentó junto a Mel, y su esposo quedó a un lado mío. Unos cuantos minutos después, Mel sacó una cajetilla de cigarrillos y el hombre le pidió uno. Le explicó que llevaban en Europa seis semanas y que no habían podido conseguir cigarrillos estadounidenses. Mel cortésmente le dio la cajetilla y el hombre le dio las gracias diciéndole que los atesoraría.

Comenzaron a platicar y el hombre le preguntó a Mel a qué se dedicaba. Mel le dijo: «Me dedico al negocio de los regalos y mi esposa al de los cosméticos».

Esto despertó inmediatamente el interés de la mujer.

«¿Cosméticos? ¿Qué tipo?», preguntó.

—Mary Kay Cosmetics —respondí—. Lo más seguro es que nunca haya oído hablar de nosotros. Somos una compañía pequeña en Texas. Apenas llevamos dos años.

Luego, antes de que me diera cuenta, ya le estaba yo platicando de nuestros productos. La bolsa que yo llevaba esa noche era tan pequeña que no llevaba ni una paleta de color para labios u ojos, así que no tenía nada que enseñarle. Cuando terminamos de cenar, ¡me estaba girando un cheque por cada uno de los productos de toda nuestra línea! Me explicó que volvería a su casa en Acapulco en tres meses y me pidió que le enviara los productos allí para esa fecha. Mi entusiasmo por nuestros productos la emocionó tanto que quería probarlos ¡sin haberlos visto!

Después de recibir los productos, se entusiasmó aún más. Alrededor de cada mes seguía haciendo pedidos de tres a seis colecciones completas. Estaba yo tan sorprendida porque los importes aduanales en México eran casi al cien por ciento, así que una colección costaba el doble que en Estados Unidos. Sin poder contener mi curiosidad, le escribí para preguntarle qué hacía con todos los cosméticos que pedía. Me explicó que como lucía tan radiante, sus amigas constantemente le preguntaban qué usaba. Su respuesta era darles faciales y presentarles los productos como regalo.

El entusiasmo se propaga así. En Mary Kay tenemos una expresión: «La velocidad de la líder es la velocidad del grupo». Igual que una Consultora o una clienta satisfecha puede generar entusiasmo en alguien, una sola persona también puede generar entusiasmo en todo el grupo. La mejor manera de hacer esto es mediante el ejemplo. Si una Directora se muestra entusiasta, las Consultoras en su unidad también lo serán. Yo creo que nuestras Directoras son un ejemplo maravilloso para sus Consultoras. Considero que cada una de ellas es la «Mary Kay» para su gente y ellas, a su vez, la «Mary Kay» de sus clientas.

Estoy muy agradecida por la bendición del don del entusiasmo natural porque estoy segura que esta cualidad es responsable de mi alto nivel de energía. Incluso después de todos estos años en el negocio, no importa qué tan exhausta me sentí la noche anterior, despierto cada mañana con un entusiasmo renovado. Me encanta lo que hago y cada día me presenta nuevas oportunidades para amar y animar a cada mujer trabajadora para llegar al éxito.

Me gusta lo que dijo Ralph Waldo Emerson: «Nada grandioso se logra sin el entusiasmo». ¡Y eso que no sabía del entusiasmo a la *Mary Kay*!

6

Pon cara alegre

FUE MUY DIFÍCIL para mí aceptar el divorcio de mi primer marido. Por casi un año me sentí fracasada como mujer, como esposa y como persona. Este estado de ánimo hizo que presentara síntomas físicos que varios médicos diagnosticaron como artritis reumatoide. Finalmente, los especialistas del reconocido Scott and White Memorial Hospital de Temple, Texas, me dijeron que mi condición avanzaba tan rápidamente que en cuestión de meses estaría totalmente incapacitada.

No podía soportar la idea de volver a casa y que mi madre nos mantuviera a mí y a mis tres hijos. Había trabajado tanto toda su vida que me parecía impensable pedirle que se hiciera responsable por nosotros.

Entonces yo trabajaba para Stanley Home Products y ganaba diez o doce dólares por cada fiesta de demostración de ventas. Tenía que dar tres fiestas Stanley al día a fin de que me alcanzara el dinero. Me di cuenta de que para tener éxito, tenía que dejar mis problemas personales en casa; así que decidí que no importaba cómo me sentía, entraría con una sonrisa. Conforme triunfaba en mi carrera, mi salud fue mejorando hasta que por fin desaparecieron los síntomas de la artritis reumatoide. Los médicos siguieron insistiendo en que sencillamente estaba en remisión y que algún día volvería mi artritis. Hasta hoy, siguen equivocados. Creo que esos síntomas físicos fueron inducidos por mi extremo estrés emocional y desaparecieron cuando asumí el control de mi actitud.

51

Lo curioso de dar la mejor cara, de poner cara alegre, es que si lo haces una y otra vez, pronto te darás cuenta de que la cara está allí para quedarse. Se convierte en tu verdadero estado de ánimo. Descubrí que cuando mantenía una actitud alegre en esas fiestas Stanley, mis problemas parecían irse, uno a uno. Por el contrario, si me permitía seguir deprimida, no hubiera hecho un buen trabajo y no hubiera ganado suficientes comisiones. Entonces hubieran aumentado mis problemas. Alguien dijo alguna vez que «un hombre está tan contento como decide estarlo». ¡Yo creo que es cierto!

Mi filosofía siempre ha sido que un vendedor no debe discutir sus problemas personales con los clientes. A nuestras Consultoras les doy dos sugerencias que se relacionan con esta convicción: número uno, que mentalmente «apaguen» sus problemas antes de ir a la clase del cuidado de la piel; y, dos, que cuando crucen el umbral de la puerta, lo hagan con entusiasmo. Cuando la gente te pregunta cómo estás, en realidad no quiere saberlo. No le importa que tu marido haya perdido el empleo, que tus hijos tengan varicela o que se te acabe de descomponer el calentador. No la abrumes con tus problemas. Si lo haces, ocasionarán un ambiente negativo que sólo podrá contrarrestarse con una relación comprensiva. Es mejor que nadie sepa de tus apuros. Cuando llegaba a esas primeras fiestas Stanley, nadie podía imaginar el sinnúmero de problemas que había dejado en casa. Cuando la anfitriona te pregunte cómo estás, di: «¡Maravillosa! ¿Y tú?», así sea que tengas que decirlo con las quijadas apretadas. Además, si actúas como si estuvieras alegre y llena de entusiasmo, haces un buen trabajo y sales de esa clase del cuidado de la piel con doscientos dólares en ventas, créeme, efectivamente te sentirás ¡contenta y llena de entusiasmo!

Es importante darse cuenta que nadie se mantiene altamente motivado todos los días. Hay veces en que hasta la persona más entusiasta se despierta sintiéndose deprimida. Y sí, ha habido días en que me levanto y no me siento totalmente «despabilada». Puedo sentirme cansada o tal vez tengo planeado hacer algo que no me gusta. Esas son las veces en que genero mi entusiasmo. Algo que me ayuda es leer buenos libros de motivación y escuchar cintas de motivación. Me gusta en especial escuchar las cintas mientras me visto y en el camino a la oficina o de regreso a casa. Es una forma maravillosa que ayuda a que no se desperdicie tiempo precioso.

El canto también alegra a la gente. Ya he hablado de las canciones que a veces cantamos en las reuniones de Mary Kay. Algunas personas nos han criticado por esto, porque las canciones les parecen tontas. Sin embargo, hemos visto que cuando la gente se siente negativa, las canciones tienen un efecto maravilloso en su estado de ánimo. Creo que por el mismo motivo las iglesias comienzan con himnos sus servicios religiosos. Siendo aún una madre joven, recuerdo el trayecto a la iglesia con tres niños pequeños peleando en el asiento trasero del coche. ¡A veces me parecía que para cuando llegábamos a la iglesia yo ya había perdido mi fe! Ciertamente yo no estaba de humor para estar en una iglesia. Sin embargo, después de cantar dos o tres himnos, me sentía mejor y estaba lista para asimilar el mensaje de mi pastor.

Al comienzo de nuestras reuniones de unidad también tenemos un momento en que las Consultoras cuentan sus éxitos de la semana anterior. Exhortamos a que cada persona se ponga de pie y con entusiasmo le cuente al grupo algo maravilloso que la haya ocurrido. Aun en el caso de que haya tenido una mala semana, después de oír a un par de docenas de personas hablar acerca de lo bien que les fue a ellas, comienzan a pensar: «Si ellas pueden, yo también». Un rostro alegre y una disposición feliz son formas de inspirar a los demás.

Por supuesto, hay ocasiones que requieren de un esfuerzo especial para poner cara alegre. Mi querido esposo Mel Ash falleció el lunes 7 de julio de 1980. Mel fumó por cuarenta y siete años. En los últimos diez de esos años, le rogué, lo engatusé, razoné con él y le imploré que dejara de fumar. Con frecuencia lo intentaba pero en unas cuantas horas me decía: «Mary Kay, no puedo dejar de hacerlo. Simplemente *no puedo*».

Una de esas noches leí un artículo sobre cómo puedes enfermarte de cáncer pulmonar viviendo con un fumador empedernido e inhalando el humo de sus cigarrillos. Puse la revista boca abajo en la mesita de centro, a sabiendas de que a la mañana siguiente su curiosidad haría que se asomara al artículo para ver qué había estado leyendo la noche anterior. Así fue, Mel tomó el artículo. Al mismo tiempo, vio el anuncio en la televisión de una clínica especializada en ayudar a dejar el hábito de fumar. Como me amaba y se preocupaba por mí, se inscribió al programa y cinco días después dejó de fumar de golpe. En los siguientes cinco años nunca volvió a tocar un cigarrillo. Sin embargo, no fue lo suficientemente rápido; el daño ya estaba hecho. Nos enteramos de su inoperable cáncer pulmonar apenas siete semanas antes de su fallecimiento.

El día después de la muerte de Mel, nuestro personal y Directoras y Consultoras locales estaban programados para viajar de Dallas a St. Louis a una conferencia. Todas estas personas habían querido mucho a Mel y yo tuve su funeral el martes por la tarde para que pudieran estar presentes.

Yo no tenía planes de asistir a este evento precisamente por la enfermedad de Mel. Sin embargo, más de 7 500 Directoras y Consultoras se reunirían procedentes de todos los puntos del Medio Oeste, así que me fui a St. Louis el siguiente viernes. No podía pasar por alto que muchas mujeres gastarían una cantidad considerable de dinero para viajar a esa conferencia y me sentí obligada a no defraudarlas. Se suponía que estas reuniones fueran alegres e inspiradoras y así, aunque estaba yo de luto, me cercioré de generar una actitud positiva para todas las presentes. Me paré enfrente de ese enorme auditorio y di mi mejor esfuerzo por proyectar el gusto que sentía por ellas, en lugar de la pena que sentía por mí misma. Sabía que mi estado de ánimo influiría en todas las allí reunidas y yo quería que tuvieran una experiencia positiva.

No dejaba de pensar en Jackie Kennedy Onassis y lo valiente que se mostró cuando asesinaron a su marido. El mundo entero la elogió por su valor. No se permitió el lujo de quebrantarse y su fuerza tuvo un tremendo impacto en mucha gente. Después, cuando la gente se enfrentaba a las tragedias de su propia vida, recordaba la forma en que Jackie mantuvo la cabeza en alto, sin llorar en público, y supieron que ellos también podrían hacerlo. A mi humilde modo, yo intentaba hacer lo mismo en nuestra reunión. Desde entonces, he recibido innumerables cartas de mujeres que me dicen que el hecho de que pude poner buena cara durante mi luto las inspiró a hacer lo mismo cuando sufrieron una tragedia en su propia vida.

La vida nos depara muchos momentos tristes; sin embargo, la vida tiene que continuar. Justo unos días antes de nuestro Seminario 1978, ocurrió otra tragedia. Sue Vickers, una de nuestras más bellas y talentosas Directoras Nacionales de Ventas, fue secuestrada en el estacionamiento de un centro comercial de Dallas y luego asesinada. Sue era conocida en nuestra compañía como la «señorita Entusiasmo» y su calidez y espíritu «de entrega» eran una inspiración para todos los que la conocieron. Su muerte fue una tremenda tragedia para todos nosotros.

Sue estaba programada para dar un discurso en el Seminario 1978. Entre las notas para su presentación había escrito:

Sé alguien, sé grandiosa.

Puedo hacer todo con Cristo que me fortalece.

Haz cosas grandiosas, ¡no te des por vencida!

¡Sé una inspiración para los demás!

¡Lo que el mundo necesita es una palabra de ánimo!

¡Entusiasmo! ¡Amor! ¡Y risa!

Estos pensamientos sin duda ilustran el tipo de persona que era Sue. Su muerte sin sentido fue una gran pérdida para mí, como lo fue para todos los que la conocieron. Sin embargo, pusimos cara alegre y le dedicamos el Seminario y éste se llevó a cabo como estaba planeado. Estoy segura que era lo que Sue hubiera deseado.

Es fácil sonreír y mostrarse entusiasta cuando todo va bien en nuestra vida. En circunstancias ideales, cualquiera puede proyectar alegría; pero la prueba verdadera de un campeón es poner buena cara cuando en el interior se sufre un grave problema personal.

Una campeona de este tipo es sin duda Rena Tarbet, madre de tres y Directora Nacional de Ventas, tan positiva y alegre que nunca se le ocurriría a uno pensar que ha tenido dos mastectomías y cirugía reconstructiva.

Rena tiene una actitud que es toda una inspiración. ¡Rebosa entusiasmo! Ama la vida, ama su trabajo y nunca deja que la enfermedad la detenga. Suele contar una historia maravillosa que ocurrió mientras esperaba que se le hicieran unas pruebas en el M.D. Anderson Hospital and Tumor Research Institute de Houston. Había esperado buena parte del día y era la siguiente en la fila cuando la enfermera principal anunció al resto de los pacientes que el médico ya no podría ver a nadie sino hasta la tarde siguiente. Al día siguiente Rena iba a presentar un taller de trabajo Mary Kay, así que fue al médico y le dijo que tenía que estar en Dallas a la tarde siguiente.

—¿Hay algún motivo por el cual no pueda ver a un solo paciente hoy, doctor? —le preguntó. El médico lo pensó por un momento y, por la actitud risueña de Rena, consintió a la propuesta.

La primera vez que contó la historia sonrío plenamente. «Usé la misma técnica que me enseñaste —me dijo—, cuando le preguntamos a la mujer si existe algún motivo por el cual no puede ser anfitriona de una clase del cuidado de la piel».

Después de su taller de trabajo, Rena me dijo lo que el médico encontró. Tendría que someterse a quimioterapia y tratamientos de radiación por varios meses y que lo más probable iba a ser que perdiera todo el cabello. Rena se limitó a sonreír y dijo: «Mary Kay, tendré que conseguirme una peluca muy linda».

Cada vez que escuchaba a Rena hablar de forma tan positiva, admiraba su expresión serena y alegre. Tenía que luchar para contener las lágrimas y requerí de todas mis fuerzas para seguir mi propio consejo de «al mal tiempo, buena cara». Era lo menos que podía hacer al ver el rostro alegre de Rena.

Hace poco, en otra reunión, dijo que tenía elevado el espíritu y que su determinación era inquebrantable. Compartió con nosotros una cita de los *Ensayos* de Montaigne: «La utilidad del vivir no consiste en la cantidad sino en el uso: hay quien vivió largo tiempo y ha vivido poco; aplicaos a la vida tanto como en la vida estéis. De vuestra voluntad depende, no del número de los años que hayáis vivido lo bastante».*

*Traducción del francés al español de Miguel Frontán Alfonso.

Cuando Rena dijo estas palabras, la vi y me llené de orgullo. Supe que había descubierto el verdadero sentido de la vida. Le di un fuerte abrazo y, por fortuna, sólo mis sentimientos animosos salieron a relucir.

Después de someterse por seis años a quimioterapia, el cáncer de Rena ha estado en remisión por muchos años. Ha sido una inspiración para todos nosotros.

7

Primero Dios, segundo la familia y tercero la carrera

CON EL PASO DE LOS AÑOS he descubierto que todo parece salir bien si tu vida tiene la perspectiva apropiada: primero Dios, segundo la familia y tercero la carrera. Creo sinceramente que el crecimiento de Mary Kay Cosmetics ha venido a darse porque lo primero que hicimos fue tomar a Dios como nuestro socio. De no haberlo hecho, no creo que estaríamos donde estamos hoy. Creo que Él nos ha bendecido porque nuestra motivación es justa. Sabe que deseo que la mujer se convierta en la bella criatura que Él creó, que usemos los maravillosos dones que Él nos dio y que todos traemos en el interior.

He visto que cuando te dejas llevar y te pones en las manos de Dios, todo en la vida sale bien. Cuando tratas de hacer todo sola y depender sólo de ti misma, comienzas a cometer errores graves.

Ninguno de nosotros en Mary Kay trabaja solo. Mi hijo Richard es un brillante administrador y un sobresaliente planificador corporativo, y es reconocido como uno de los genios financieros más brillantes de hoy. Sin embargo, ni siquiera él puede ver los informes impresos ni las encuestas de mercado y predecir verdaderamente el futuro, aunque suele parecer que eso es exactamente lo que hace. Creo que hemos tenido éxito porque Dios nos ha mostrado el camino. No puedo decirte las veces que hemos necesitado algo y las veces que lo hemos visto aparecer sencillamente como milagro ante nuestra puerta.

Nuestra experiencia con el exclorofeno es sólo un pequeño ejemplo. Hace años, éste era un ingrediente de alto uso y consideración que incluíamos en la fórmula de nuestra loción para el cuerpo. Tomamos la decisión de que el exaclorofeno podría tener algunos defectos y lo retiramos de nuestra línea destruyendo aproximadamente 19 000 frascos de loción. Poco después de esta acción, la Administración de Alimentos y Medicamentos (Food and Drug Administration o FDA por sus siglas en inglés) declaró ilegal el ingrediente y pidió a los fabricantes que destruyeran todos los suministros que contuvieran el ingrediente de exaclorofeno. Si no hubiéramos tomado la decisión correcta cuando lo hicimos, como otros fabricantes, hubiéramos incurrido en pérdidas de cientos de miles de dólares.

La reacción de Richard a este milagroso acierto fue: «Nuestros científicos sabían que esto iba a ocurrir, así que actuaron en consecuencia». Sin embargo, nadie puede predecir el futuro y nadie sabe lo que la FDA va a hacer de un día para otro. Hubo sin duda algunos estudios recientes que nuestros científicos leyeron. Cualquiera que haya sido el motivo, habíamos quitado ese agente químico en el momento en que el edicto salió publicado y evitamos de esta manera un costoso problema.

Sin embargo, un negocio consiste en millones de decisiones pequeñas, no sólo grandes. Con frecuencia son las pequeñas y cotidianas decisiones, aquéllas que se hacen hora con hora, las que tienen un efecto entre el éxito y el fracaso. Creo que Dios ha puesto sus brazos protectores en nuestros hombros y nos guía por el camino justo.

Si bien creo que Dios ha sido clave en el crecimiento de nuestro negocio, tengo cuidado de recordar que *sí somos* un negocio y que, como tal, se debe evitar predicar a nuestra gente. Después de todo, siendo una compañía con tantos asociados, estamos representados por todas las religiones y denominaciones espirituales. Siendo nuestra filosofía Dios primero, familia segundo y carrera tercero, parece ser que atraemos a gente muy espiritual que coincide en que Dios y la familia deben ser prioritarios en su vida. Nunca trato de imponerle a nadie mis creencias religiosas personales. Sin embargo, sí hago saber que Dios es parte importante de mi vida.

También soy muy elocuente y clara en cuanto a mi creencia en los fuertes vínculos familiares. Recalco que no importa cuán exitosa seas en tu carrera, si pierdes a tu familia en tu camino al éxito, entonces habrás fracasado. No vale la pena sacrificar a tu familia por dinero. Una carrera es un medio para un fin, el medio por el cual puedes darle a tu familia comodidades y seguridad, pero lo que logres en tu carrera no es en un fin por sí mismo. Lamentablemente, algunas personas se ven tan consumidas por su trabajo que pierden de vista lo que de veras es importante en la vida.

Cuando comencé a mantener a mi familia como vendedora de Stanley, sólo tenía tiempo para tres cosas: Dios, familia y carrera. No tenía vida social. Cada hora que pasaba despierta la dedicaba a mis tres hijos, mi trabajo y mi iglesia. No sabía lo que era ir al cine o cenar con alguna amistad. Todo mi día estaba planeado en torno al horario de mis hijos. Me levantaba a las cinco para hacer el aseo de la casa antes de que ellos se levantaran. Luego les daba un buen desayuno y los mandaba a la escuela. Después de que se iban, también salía yo a mi primera fiesta. Luego, después del mediodía tenía otra fiesta para asegurarme de estar en casa para recibir a mis hijos cuando llegaran de la escuela. Les daba la cena y los preparaba para dormir. Luego a las siete, me iba a la fiesta de la noche. La empleada doméstica los había dormido mucho antes de que yo llegara. Funcionaba a la perfección. Podía tener las dos cosas: ser mamá que trabajaba fuera del hogar pero disponer del tiempo que necesitaba para estar con sus hijos. ¡Simplemente me acordaba de darle gracias a Dios por mi alto nivel de energía!

Una de las cosas que pude darles a mis hijos fue llevarlos a Galveston, Texas, unas vacaciones de verano. Nos hospedamos en una habitación del hotel Galvez que daba al mar. Cada mañana llevaba a los chicos a la playa y nos quedábamos allí mientras no me asoleara demasiado. Luego yo volvía a nuestro cuarto y los observaba desde allí. A la hora de la comida, les llevaba un *hot dog* o emparedado, y cuando terminaban ellos volvían a la playa y yo volvía a mi ventana para seguir observándolos. Por mi piel tan blanca, la playa no era el sitio que yo hubiera elegido para pasar mis vacaciones pero éstas eran ver que mis hijos se divirtieran.

Esas dos semanas en Galveston fueron el único tiempo que no trabajé. El resto del año, mi vida era estrictamente Dios, familia y trabajar, trabajar, trabajar. Una vez escuché a la doctora Joyce Brothers que dijo que no es malo ser «trabajómana»; simplemente significa que estás totalmente dedicada a ello. Quiero pensar que tiene razón porque yo sin duda hubiera cabido dentro de esa categoría.

Era necesario que yo trabajara todas las noches a fin de que me alcanzara el dinero. Sin embargo, gracias a Richard algunos de nuestros vecinos no estaban de acuerdo con que yo llegara tan tarde a casa. Para cuando nos mudamos a Dallas, ya ganaba bien y nos habíamos mudado a un vecindario mejor. Teníamos una casa de ladrillos, de dos pisos y con un pequeño porche, jardín y un gran árbol al frente. Para entonces ya también tenía una empleada doméstica que se encargaba de dormir a los niños cuando yo me iba a trabajar. Sin embargo, al parecer los metía a la cama y se iba a su habitación. Cualquiera que haya sido el caso, Richard esperaba hasta que la casa quedara en silencio, salía al pequeño balcón de su cuarto, bajaba por el árbol y se sentaba en la acera a esperar que llegara su mamá.

Le encanta contar esta anécdota: «Mary Kay nunca comprendió por qué no les simpatizaba a los vecinos. Me veían sentado en la acera y me preguntaban que dónde estaba mi mamá. Yo les decía que en una fiesta». ¡Se le olvidaba decir que la «fiesta» era una fiesta de ventas de Stanley y que estaba trabajando!

Si bien trabajaba muchas y arduas horas cuando mis hijos estaban pequeños, arreglaba mi horario para estar allí cuando me necesitaban. Estaba allí para ayudarlos con las tareas escolares y sabían que lo dejaría todo para discutir un problema serio. Una de las cosas más agradables de mi horario flexible era que siempre podía estar en casa para darles mi amoroso cuidado cuando uno de ellos se enfermaba. Mi familia era lo único que yo permitía que interfiriera en mi trabajo.

Los empleadores necesitan comprender que los hijos son prioritarios para los padres. He visto a gente con empleos de horario regular de nueve a cinco que se van al trabajo a pesar de tener un hijo muy enfermo en casa. En mi opinión sería mejor que el empleador le dijera al trabajador que se quedara en casa para atender al niño. No hay forma en que los padres pueden mantener la cabeza en el trabajo estando preocupados por un hijo enfermo. Y cuando digo «padres» me refiero no sólo a la madre, sino también al padre. Si uno solo es quien se hace cargo de los hijos, como era mi caso, uno lleva la carga completa. Pero si ambos padres están presentes (incluso después de un «divorcio amigable»), los patrones deben dejar que el padre y la madre compartan estas responsabilidades.

Sus responsabilidades también se extienden a otros miembros de la familia. Mi esposo Mel estuvo gravemente enfermo de cáncer por siete semanas antes de morir. Las dos primeras semanas después que descubrimos su enfermedad, no sabíamos si era o no terminal. Sin embargo, envié un mensaje a mi oficina diciendo que no iba a ir hasta que Mel mejorara. Sabía que todos entendían mi opinión respecto a la familia antes que el negocio. Por esas siete semanas no fui ni una sola vez a la oficina. Mi personal me enviaba trabajo y cuando Mel dormía, me iba a mi escritorio y hacía lo que pareciera más urgente.

Antes de que Mel cayera enfermo, yo esperaba gustosa el momento de dar un discurso ante la Federación General de Clubes Femeniles que se reuniría en St. Louis en junio de 1980. El discurso se acordó con un año de anticipación y estarían presentes varios miles de mujeres de todo el país. Yo estaba emocionada por tener la oportunidad de hablar sobre la filosofía de Mary Kay ante tantas mujeres. Empero, esto significaría que tendría que dejar a Mel por dos días y simplemente no podía hacerlo. Así que Dalene White, una de nuestras Directoras Nacionales de Ventas Independientes, fue a St. Louis en mi lugar e hizo una excelente labor de representar a nuestra compañía.

Estoy consciente de que la mayoría de las empresas esperan que sus empleados antepongan su trabajo a cualquier cosa en su vida. Sí, sé que una persona se puede involucrar en su trabajo a tal grado que descuide a su familia. Sin embargo, no veo cómo alguien puede esperar que el trabajo esté antes que la familia en un momento de verdadera necesidad.

Me dicen que es inusual que una compañía fomente una filosofía de este tipo pero lo hemos venido haciendo desde que comenzamos. Como he dicho, cuando se pone primero a Dios, familia segundo y carrera tercero, todo parece funcionar bien. Fuera de ese orden, nada parece salir bien. Cuando se llega a la línea del balance, no importa cuánto dinero ganaste, qué tan grande es tu casa o cuántos coches tienes. El día en que Dios te llama a que aceptes tu relación con Jesucristo, nada más importa. Cada uno de nosotros llegará a ese día y debemos preguntarnos si nuestra vida ha sido significativa.

8

La historia de una mujer de carrera y sus diferentes gorras

EN LAS ÚLTIMAS DÉCADAS hemos sido testigos de un gran cambio social. En 1963, 32 por ciento de todos los matrimonios la esposa participaba en el ámbito laboral; en 1983, es 51 por ciento de todos los matrimonios en que la mujer trabaja fuera del hogar. Dos de cada tres mujeres jóvenes hoy salen de la escuela e ingresan normal y eficientemente al campo laboral. De hecho, se calcula que para finales de los primeros años de la década de 1990, el número de empresas que serán propiedad de la mujer superará el número de empleados de las empresas *Fortune 500*. En 1993, la Fundación Nacional de Mujeres Empresarias reportó 4.5 millones de mujeres como propietarias de un negocio.

Nuestras hijas y nietas no piensan en *complementar* su vida con una carrera porque para ellas se considera que tener una carrera y ser mujer son partes iguales y naturales de un mismo papel a desempeñar. Cuando yo empecé a trabajar, ser joven de carrera quería decir que tenía cuatro papeles distintos: primero era esposa, madre y ama de casa; luego era mujer de negocios. Cada papel exigía mucho de mi tiempo y de mi energía. Se esperaba que la mujer de esa época cargara con varias responsabilidades. Una mujer podía trabajar tanto como el hombre pero también necesitaba ser empleada doméstica, lavandera, chofer, maestra, enfermera, mandadera, directora social, personal de mantenimiento de la casa y, además, también tenía que *hornear el pan*. Yo solía decir que una mujer de carrera de esos días necesitaba tener su propia «esposa».

En aquel entonces la mujer que buscaba tener una carrera encontraba muy poco apoyo. Nos decían que a fin de trabajar fuera de la casa sin romper el orden y la armonía del hogar, teníamos que hacer sacrificios. Un hombre se iba a trabajar por las mañanas despidiéndose con un beso de su esposa y sus hijos, y luego le dedicaba toda su atención a su carrera. Sin embargo, a nosotras se nos decía que si queríamos meter el dedo gordo del pie en ese gran océano que era el mundo de los negocios, teníamos primero que tender las camas y planchar las camisas. La carga del éxito familiar pesaba exclusivamente sobre los hombros de la mujer. Si en aquel entonces se quería trabajar, parecía que la única «excusa» era ser viuda, divorciada o soltera. Incluso así, la actitud de hombres y mujeres era que la mujer trabajaba sencillamente hasta que encontrara algo mejor que hacer (es decir, un nuevo marido).

¡Gracias a Dios que los tiempos han cambiado! Quedan algunos obcecados que se resisten pero ahora la mayoría de la gente se da cuenta de que la mujer (tanto como el hombre) necesita del crecimiento, el desafío y la independencia económica que puede brindar una carrera. La mejor parte es que todo se vale: la mujer puede trabajar fuera de su casa a tiempo parcial, a tiempo completo o no trabajar. Ella decide.

Este cambio en las actitudes sociales también ha causado muchas innovaciones que ahorran tiempo y que son un salvavidas para la mujer. Es fácil dar las cosas por sentadas hoy pero yo recuerdo cuando no había guarderías de calidad, horarios extendidos en las escuelas públicas, restaurantes de comida rápida, ropa de planchado permanente, lavavajillas automáticas ni hornos de microondas. La logística de la administración del hogar y la carrera se ha visto facilitada por estos cambios. Por ejemplo, si eres mamá de hoy día, es mucho más fácil que encuentres quién cuide a tus hijos de manera amorosa y profesional. Hasta hemos cambiado nuestras actitudes sobre lo que significa «ser buenos padres». Hemos visto que es más importante hablar con nuestra hija que almidonarle su falda con peto de algodón. Es más importante escuchar a nuestro hijo que ponerle pliegues al pantalón. Los psicólogos infantiles nos dicen que debemos enseñar a nuestros hijos a que se hagan responsables de sus tareas personales tan pronto como puedan. Eso los hará fuertes y más independientes, y te permitirá administrar el hogar de forma mucho más eficiente.

El hombre también ha cambiado. En la mayoría de las oficinas la mujer aún no alcanza la paridad económica pero conforme el poder llegue a ejecutivos más jóvenes, eso también cambiará. Una encuesta de hombres de negocios entre 25 y 65 años de edad concluyó que los hombres menores de 45 estaban más propensos a considerar a la mujer como su igual en el ámbito social y profesional. Además, estos hombres más jóvenes también están más inclinados a ayudar a que la mujer ascienda por la escalera corporativa. En el pasado, parecía que el hombre se sentía amenazado por la mujer profesional. Le gustaba que esposas y amantes se quedaran en casa, ajenas al ámbito laboral. Algunos cínicos dicen que el cambio ha surgido porque ahora se necesitan dos ingresos para mantener una familia. Sin embargo, cualquiera que sea el motivo, su aceptación de nuestro lugar en los negocios quiere decir que la mayoría de los hombres modernos ahora comparten los gozosos deberes de criar a los hijos y los mundanos quehaceres del hogar. Los hombres aman a sus hijos tanto como las mujeres, y una vez que aprendieron cuán gratificante es ayudar a moldear la vida de estos jóvenes, *quisieron* ser partícipes. Muchos hombres también ayudan con los quehaceres de la casa. Aceptémoslo, a nadie —ni a hombres ni a mujeres— le *gusta* limpiar el baño. Sin embargo, cuando un hombre y una mujer comparten un hogar y las ventajas de una carrera, entonces también deben compartir los deberes del mantenimiento cotidiano de la casa. Eso les da a ambos más tiempo para los hijos, la carrera y para ellos mismos.

Mi propósito en este capítulo es compartir contigo algunas de las técnicas que me han ayudado a equilibrar mi hogar y mi oficina. Creo que las lecciones que he aprendido se pueden aplicar a muchas mujeres profesionales en circunstancias diferentes: casadas, solteras, viudas o divorciadas. No es posible —y creo que tampoco es necesario— que escriba un libro sobre reglas específicas para cualquier combinación de factores que puedan aplicarse a cada lectora individual. Por ejemplo, no puedo decir «si eres divorciada, trabajas a tiempo parcial y no tienes hijos, entonces debes hacer esto» o «haz esto si estás casada con un hombre maravilloso que te ayuda a doblar la ropa limpia y a preparar la comida que los niños llevarán a la escuela». (Por cierto, señoras, si tienen uno de éstos, ¡no lo dejen ir!) Todo lo que puedo hacer es contarte mi historia, como la viví, y esperar que después de leerla, puedas aplicar a tus propias circunstancias algunas de mis soluciones.

Creo que el tiempo más agotador de mi vida fue durante la crianza de mis tres hijos, cuando trabajaba como vendedora de Stanley e iba a la universidad. Llevaba diez años de casada y siempre soñé con ser médico. Mi carrera en ventas parecía bien establecida y pensé «*ahora* es el momento…»» Era la época en que se consideraba como una pérdida de tiempo que una mujer casada fuera a la universidad. Los profesores te veían directamente a los ojos y te decían que estabas ocupando un lugar que podría ocupar un hombre más joven. Así que cuando estuve en la escuela intenté ocultar el hecho de que estaba casada y que era madre de tres niños. Me vestía como estudiante, hasta las tobilleras. Llevaba mi anillo de matrimonio en una cadena colgada al cuello y nunca mencioné a mis hijos.

Por lo general, asistía a las clases por la mañana y tenía una fiesta Stanley en la tarde. Cuando llegaba a casa, hacía el aseo, lavaba pañales, cocinaba, etc. Luego se presentaba un enorme problema: después de tanto trabajo, estaba demasiado agotada como para estudiar. Algunas veces me iba a dormir poco después que mis hijos y ponía el despertador a las tres de la mañana. Me levantaba, bebía café y estudiaba hasta que los niños se despertaban alrededor de las siete. Finalmente, no pude mantener ese ritmo. Estaba a punto de tener una crisis nerviosa. Si comparáramos mi energía con una vela encendida, podrías decir que la tenía encendida por los dos extremos y que ya casi se consumía hasta el centro por los dos lados.

Es raro pero las cosas parecen darse de modo que terminan funcionando a favor de uno. Yo me mataba en mis estudios científicos cuando me hicieron una prueba de aptitudes que abarcó tres días. Cuando la decano de la universidad me llamó a su oficina para discutir los resultados, me dijo que mi puntuación en ciencias, aunque buena, era superada con mucho por mis puntuaciones en otras áreas, por ejemplo, la persuasión. Me exhortó enfáticamente a que cambiara mis cusos a mercadeo y que buscara una carrera como compradora o vendedora. Me señaló que seguramente en cuatro años podría tener un empleo bien pagado como vendedora o compradora profesional de una tienda de departamentos de prestigio. (Por supuesto, ella no sabía que *ya* tenía una carrera de «tiempo parcial» en ventas con la cual mantenía a mis hijos y pagaba mi matrícula escolar.)

Además, argumentó que para ser médico necesitaría dos años de estudios previos a los de medicina, cuatro años en la Escuela de Medicina y luego alrededor de un año como interno. Esto quería decir que para que yo llegara a ejercer como médico necesitaría casi diez años. La decano creía que debería optar por la ruta más corta de una carrera bien pagada.

Sus palabras no me hicieron tomar una decisión pero sí les vi el sentido y la lógica. Las uní a otras conclusiones a las que yo había llegado y decidí dejar la universidad y dedicarme de lleno a la venta de los productos Stanley. Una vez tomada la decisión, seguí trabajando largas horas, tanto en mis actividades de ventas como en mi trabajo con mi familia pero mi horario no era tan ajetreado.

Comencé a trabajar con base en comisiones directas y esto era para mi beneficio. Significaba que podía trabajar en mi tiempo, no en el de la compañía. Muchas mujeres sí acatan un estricto horario de oficina pero yo sabía que no podía criar a mis hijos y pasármela sentada ante un escritorio de nueve a cinco todos los días. Necesitaba la flexibilidad que me ofrecía un trabajo en ventas, así podía estar con mis hijos cuando me necesitaran. Organizaba mis fiestas Stanley de modo tal que pudiera estar en casa para recibirlos cuando llegaran de la escuela, prepararles la cena y darles toda mi atención.

Sin duda es una carga tener tantas responsabilidades pero de todos modos es algo que se puede hacer. Encontré que la mejor manera de hacerlo es manteniéndome bien organizada. Debes decidir tus prioridades, dividir tu tiempo conforme sea necesario y compartir con los demás las tareas que puedas. Si tienes una familia amorosa que te ayude, comienza por allí. Sin embargo, hay que considerar las ventajas económicas de «subcontratar» elementos de su trabajo. A algunas personas les gusta lavar la ropa y limpiar pisos. A mí no. Encontré que por lo general desperdiciaba tiempo y energía que, de otro modo, podía usar de forma más productiva, es decir, vendiendo. Así que en cuanto pude costearlo, contraté a una empleada doméstica. Para mí era una necesidad y no un lujo. Algunas personas consideran esto como un gran gasto y a otras no les gusta perder su sentido de la privacidad. Si esto es cierto para ti, considera contratar un servicio de limpieza para que te haga la limpieza general una vez a la semana. Verás que en realidad te ahorra dinero porque puedes administrar tu tiempo más eficientemente.

Después de mi divorcio, aprendí rápidamente que ser mujer profesional, soltera otra vez y con hijos significaba que *de veras* tenía que aprender a administrar mi tiempo. Me ayudó a tener presentes mis prioridades: primero Dios, segundo la familia y tercero la carrera. Creo que muchas mujeres cometen el error de involucrarse en demasiadas actividades externas. Si bien son muy importantes los proyectos comunitarios y cívicos, no creo que deban hacerse a costa de nuestra familia. Si ser parte de la Asociación de Padres de Familia y Maestros es importante para tu hijo, entonces estoy totalmente de acuerdo. Sin embargo, si es sólo una ocasión social para ti, entonces tal vez debieras eliminarla. Una madre que trabaja fuera del hogar debe decidir cuánto tiempo tiene y cuántas actividades puede realizar.

El 6 de enero de 1966 me casé con Mel Ash. Este cambio en mi vida me presentó gozos y desafíos totalmente distintos. Conocí a Mel por amigos mutuos y cuando mi compañía ideal tenía apenas dos años de iniciada. Él había establecido su propio negocio exitoso; al crecer Mary Kay Cosmetics, también lo hizo su participación en sus metas y objetivos. Poco antes de su fallecimiento, Mel comentó: «Soy padre con cien mil hijas». Ése era su verdadero sentimiento hacia las mujeres de nuestra compañía. Con frecuencia los observadores lo veían de pie en el fondo, mientras yo ocupaba el centro del escenario. Sin embargo, lo que poca gente sabe es que muchas veces Mel callada y de manera muy eficiente resolvía problemas que muchos tal vez ni siquiera habían identificado.

Nunca olvidaré una tormenta de nieve en Chicago. Estábamos en la última sesión de una junta de tres días para dos mil Consultoras y Directoras cuando una inesperada ventisca interrumpió totalmente el tránsito de entrada y salida a la ciudad. Incluso en el caso de haber llegado a la puerta del hotel, no hubiéramos podido ir a ningún lado. Estábamos, literalmente, bloqueados por la nieve. Al final de la conferencia le explicamos nuestra situación a nuestro auditorio y les dijimos que podían volver a sus habitaciones. Hicimos arreglos para que la compañía pagara la cuenta de la cena en el comedor del hotel e improvisamos talleres de trabajo para el resto de la tormenta.

Sin embargo, muchas de las mujeres asistieron a la conferencia con un presupuesto muy limitado y no tenían dinero para una estadía extendida. Claro que tampoco podían pasar la noche en el vestíbulo del hotel. En las siguientes horas todo fue caótico. Las mujeres intentaban inútilmente llamar a casa, deambulaban por el hotel y algunas hasta lloraban porque no sabían cómo iban a pagar las comidas y el hospedaje adicional. Sin embargo, la gente se adapta. Una vez que comenzamos el primer taller de trabajo, las cosas comenzaron a tranquilizarse. De hecho, en el siguiente par de días, aquello era una fiesta. Fue mucho después que me enteré de lo que de veras había pasado en esas primeras horas. Haciendo uso de su crédito de hotel ilimitado, Mel discretamente se paseó por entre las mujeres y a las que veía afligidas les prestó dinero sin llevar cuenta de estas transacciones. Nada de nombres ni de cantidades. Simplemente le daba el dinero a cualquier mujer que le dijera que lo necesitaba. Yo no supe nada de esto hasta que volvimos a Dallas. De repente Mel comenzó a recibir incontables cartas con dinero. Por supuesto, le pregunté por qué recibía dinero de tantas mujeres.

«Ah, por nada», fue su respuesta, mientras llegaba otro montón de sobres con cheques o dinero.

Fue mucho después que supe toda la historia y no de boca de Mel. Era demasiado modesto para presumir su generosidad. ¡Ése era el tipo de hombre que fue!

Mucha gente se ha deleitado con otro ejemplo de la generosidad de Mel: mis regalos de los jueves. Nos casamos un jueves y, desde el principio, los jueves fueron un día especial para nosotros. *Cada* jueves de los catorce años de nuestro matrimonio, Mel me compró un regalo. Según su estado de ánimo o su situación económica, los regalos iban desde una flor o un pedazo de dulce de cacahuates a un brillante. No importaba lo que fuera, cada jueves que yo llegaba a casa encontraba un paquete envuelto con una bella tarjeta que él había escogido personalmente. Así era también con los cumplidos. Cada mañana me decía que me veía bella y tú sabes que *eso* no era cierto. Como muchas mujeres, me acostaba pareciéndome a Elizabeth Taylor pero me despertaba pareciéndome a ¡Charles de Gaulle! Claro, quería ser digna de sus cumplidos, así que todas las mañanas me levantaba antes que él se despertara tratando de verme bella para él. Me acuerdo que quería ponerme el maquillaje antes que él se pusiera los espejuelos.

Si bien estaba dedicado a Mary Kay Cosmetics, Mel era de la vieja escuela: no le gustaba que mi trabajo interfiriera con «su» tiempo. Le gustaba llamarse «el presidente de la presidenta de la junta directiva». Cuando yo llegaba a casa por las noches, él quería que sólo pensara en él. Como yo lo amaba, respetaba ese deseo.

Todas las noches yo necesitaba dieciséis minutos para llegar del trabajo a mi casa y en ese tiempo me quitaba la «gorra» de presidenta de la junta directiva y la reemplazaba con mi gorra de esposa de Mel Ash. Mel me quería puntualmente en casa a las siete de la noche y eso requirió un poco de ajuste de mi parte. Descubrí que después de las cinco podía pensar en forma gracias al silencio de la oficina. A veces me absorbía tanto que se me olvidaba el paso del tiempo. Si llegaba un minuto tarde, Mel se preocupaba. Así que hacía un esfuerzo especial por dejar la oficina a tiempo, sin que importara otra cosa. Lo hacía porque sabía lo importante que era para Mel y porque sus sentimientos eran muy importantes para mí. Por supuesto, para las siete él ya tenía hambre, así que me hice experta en el arte de «comidas rápidas y deliciosas». Por lo general, le pedía a la empleada doméstica que pusiera la mesa y dejara preparada una ensalada en el refrigerador o una cacerola en el horno. A veces, con apuros, hasta me hice experta en hacer que las cenas congeladas tuvieran cierto sabor de hechas en casa.

Recuerdo que una de nuestras Consultoras de Belleza me dijo que cuando llegaba tarde a casa y no tenía nada para cenar, ponía una cebolla a hervir y el olor hacía pensar que algo delicioso se estaba cocinando. Ese sabroso olor hacía que su marido pensara que ya preparaba algo rico. Mientras tanto, ella sacaba algo del congelador. Si bien algunas personas no aprecian lo que ella hacía, mantenía contento a su marido y eso era lo único que le importaba a ella. Hoy cuando una mujer profesional llega tarde a casa del trabajo, es más probable que tome a su marido (o a sus hijos) de la mano y les diga: «Vamos, amor, que vamos a cocinar juntos». (¡Eso es si su esposo moderno no ha preparado ya algo!)

A Mel también le gustaba que me sentara con él unas cuantas horas cada noche para ver la televisión o platicar. Tal vez por mi actitud de «trabajómana», con frecuencia se me hacía difícil relajarme y hacer nada. Debo confesar que hubo veces que pensé que era una pérdida de tiempo sentarme enfrente del televisor cuando podía estar haciendo algo útil. Pero yo amaba a Mel y sabía que ese tiempo juntos era importante para él.

De vez en cuando intenté ver la televisión echando un ojo a la correspondencia acumulada. Sin embargo, Mel sintió que estaba usando «su tiempo» y lo resintió. Finalmente cambié mi horario. Me seguía acostando a la misma hora que él pero me levantaba a las cinco de la mañana para comenzar a dictar mi correspondencia. De este modo podía terminar con esa tarea sin que Mel sintiera que invadía su tiempo. Luego a las siete y media cuando él se levantaba, me cambiaba de gorra otra vez para ser la esposa de Mel Ash. No me molestaba el cambio porque sentía que yo tomaba mis propias decisiones. Me parece que así precisamente es una relación abierta y amorosa.

Se necesita mucho tiempo y mucha energía para que una mujer atienda a su familia y al mismo tiempo se dedique a una carrera. Si va a sobrevivir, debe escoger esas «gorras» con inteligencia, aprender cuándo y cómo balancearlas y descartar aquéllas que la distraigan de sus prioridades personales.

9

La mujer de carrera
y su familia

¿SABES QUÉ LE DICE la Consultora de Belleza Mary Kay a su familia para que venga a cenar?

«Vamos, niños, súbanse al carro».

¿Sabes lo que hace una Directora Mary Kay para la cena familiar del domingo?

Hace reservaciones.

La percepción pública del concepto de «familia» solía ser un esposo, una esposa, tres hijos y el perro. Papá se iba a trabajar, mamá atendía la casa, y los niños jugaban con el perro. Ahora reconocemos que las familias vienen en combinaciones distintas e incluyen grupos de edades y relaciones distintas. La familia puede significar tú y un hijo, o tú y un padre; los detalles específicos no cambian las reglas. Si tienes una carrera fuera del hogar, la primera regla es que debes coordinar tus necesidades con las de los demás miembros de tu familia. La familia es un proyecto grupal.

En algunas familias es un hecho que todos —papá, abuelo y adolescente— tienen un trabajo fuera del hogar. Todo el equipo piensa en cooperar y en ayudar con la casa. Por supuesto, si tu familia la conforman tú y el gato, tal vez sea muy sencillo que el resto del equipo coopere contigo. Sin embargo, para algunas mujeres asumir responsabilidades adicionales de trabajo implica un cambio en la dinámica de la familia. Si esto es cierto para ti, un buen comienzo implica planear cuidadosamente la transición.

Por fortuna, una mujer que conserva la calma y la cabeza no tiene que escoger entre la familia y la carrera: puede tener ambas. Todo lo que necesita es establecer sus prioridades y organizarse.

Una vez oí que alguien dijo: «Conocerse uno mismo es descreer de la utopía». Sin embargo, si la utopía llega, no es automáticamente. *Tú tienes que hacer que se dé.*

Tómate unos momentos de cada ajetreado día para pensar en cómo puede sentirse tu familia respecto a tu papel como mujer de carrera. Tal vez ocurra que después de pasar años como esposa o madre de tiempo completo, de repente decides incursionar en el mundo de los negocios. Maravilloso. ¡Te aplaudo por tu decisión! Sin embargo, la verdad es que tal vez ni tu marido ni tus hijos acepten este cambio tan fácilmente como a ti te gustaría. *Tú* estás emocionada con tus nuevos desafíos pero *ellos* tal vez ven tu trabajo como competencia por tu atención. Incluso en el caso de que hayas tenido una carrera todo el tiempo, algunas veces el avance profesional hará que se presenten nuevos y mayores retos en tu tiempo y en tu energía. Tu familia podrá sentir que recibe menos y mostrar resentimiento hacia tu trabajo. Tú serás la única que podrá evaluarlo si es que llegasen a presentarse dichas circunstancias negativas. Empero, en mi opinión, ningún tipo de éxito vale sacrificar la relación que tienes con tu familia. Al contrario, la mujer que obtiene el apoyo de su familia será más dada a triunfar personal y profesionalmente. Así que, ¿qué hacer? ¿Decirle que no al ascenso? ¿Quedarse en casa cuando lo que de veras deseas es un trabajo? ¡Absolutamente que no! Como cualquier otro problema de relaciones humanas, éste se puede resolver si consideras los sentimientos y las opiniones de las personas que te rodean. Creo que el primer paso es ayudar a que la familia entienda la forma en que tu carrera será de beneficio para *todos*.

El beneficio más obvio puede ser el económico. Dada la economía de estos tiempos, a todo mundo le va bien percibir ingresos adicionales. Sin embargo, un beneficio más significativo es la forma en que tu carrera te hace sentir, lo cual, a su vez, repercute en quienes te rodean. Cumplir con nuevos retos es estimulante, tanto en lo intelectual como en lo emocional. Te da toda una perspectiva nueva sobre tus destrezas como persona. Muchas de nuestras Consultoras nuevas se ven a sí mismas logrando cosas que nunca soñaron posibles. Uno de los resultados es esta nueva conciencia de sí mismas que por lo general ocasiona que una mujer reevalúe su apariencia. Hemos visto que una mujer que anteriormente no se preocupaba por su apariencia personal, cambia totalmente de perspectiva cuando tiene una carrera fuera de casa. Quiere verse tan presentable como las demás Consultoras y muy pronto no sólo hace que su cara luzca más bonita, sino que hace algo diferente con su cabello, sus uñas y su ropa. Su familia no tarda mucho en darse cuenta de su nueva apariencia y hemos visto que todo mundo se alegra por la transformación. Se debe a que dichos cambios no son únicamente superficiales. Si una persona se siente orgullosa de su apariencia, el orgullo propicia la confianza en ella misma y ésta la lleva a nuevos logros. El primer paso para que la gente te respete es respetándote a ti misma.

Tan marcada es nuestra convicción de que es esencial que una mujer de carrera logre el apoyo de su familia, que hacemos todo porque lo consiga. Por ejemplo, cuando una Directora asiste al desarrollo de Directoras nuevas en Dallas también le enviamos una nota a la familia agradeciendo su apoyo. También invitamos a los esposos para que asistan a los talleres de trabajo y seminarios donde les presentamos a Mary Kay Cosmetics y los retos y recompensas especiales que nuestra compañía puede ofrecer. Tal vez se deba a que recuerdo a mi hijo sentado en la acera hablando con los vecinos pero queremos que cada miembro de la familia entienda lo que la Consultora hace cuando presenta una clase del cuidado de la piel.

En un Seminario, todos los esposos recibieron un botón que decía «¡Ella es fantástica!» Entonces cuando alguien preguntaba quién era «ella», el marido aclaraba que «ella» era su esposa.

Esos botones ayudaron a fomentar el entusiasmo y resultaron en que muchos maridos encontraron reclutas y clientas para sus esposas. Un año le dimos a cada marido una calcomanía para el auto que decía «Pregúnteme por la carrera de mi esposa». Cuando el esposo de la Consultora asiste a los talleres de trabajo y seminarios, invariablemente se va con la idea de que cualquier cosa que esas otras mujeres pueden hacer, lo puede hacer mejor *su* esposa.

En Mary Kay Cosmetics también respetamos las necesidades especiales de las mujeres que tienen hijos. Muchas de nuestras Consultoras mencionan la flexibilidad en su horario de trabajo como uno de los aspectos más importantes de su carrera. ¿Qué puede hacer una madre que trabaja de nueve a cinco cuando Juanito tiene una fiebre de 39.4 grados y ella *tiene* que estar en el trabajo ese día? Si está casada, su marido por lo usual puede ayudar pero si es viuda o divorciada, puede verse en un verdadero aprieto. Para emergencias como ésta, tenemos lo que llamamos nuestro sistema de sustitutas. Si una de nuestras Consultoras está enferma o tiene una emergencia familiar, basta con que llame a otra Consultora que pueda ocupar su lugar y presentar la clase del cuidado de la piel que tenía programada.

Muchas mujeres de carrera se sienten culpables por trabajar porque no pueden pasar el tiempo que quisieran con sus hijos. Después de un largo y pesado día de trabajo tal vez estén demasiado cansadas como para invertir el nivel de energía que se requiere para atender la casa y mantenerse al ritmo de todas las actividades de los niños. Creo que es aquí donde se deben establecer prioridades y reconocer que la calidad del tiempo que pasa con su hijo es mucho más importante que la cantidad. El simple hecho de estar cerca de sus hijos no la hace automáticamente una buena madre. Puede estar en la misma habitación con su hijo y nunca darle ni un momento de su atención. De hecho, la madre que se queda todo el día con los niños a veces para las cinco de la tarde termina gritando: «¡No me vuelvas a preguntar eso!» Eso no es ser buena madre, eso es estar allí nada más. Yo descubrí que al estar ausente de mis hijos por unas horas cada día, era mejor mamá que cuando me la pasaba en casa todo el día. Los niños parecían apreciarme más y a mí me consta que yo era más paciente con ellos.

Establecer prioridades también quiere decir que tal vez necesites delegar (o hasta olvidarte) de algunos deberes domésticos que te roban tiempo precioso. Aquí es cuando puede ser de gran ayuda una empleada doméstica o un servicio de limpieza. En el siguiente capítulo hablaré un poco más de la «sabiduría fiscal» de contratar una empleada doméstica pero si decides que tú harás los quehaceres de la casa, sé realista. Acabas de llegar a casa de un largo y productivo día en ventas. Escoge las actividades que *de veras* necesitan hacerse. Si tienes que escoger entre dos actividades importantes, elige hablar con tus hijos y no limpiar los armarios. Mejor aún, ¡límpienlos juntos y charlen mientras lo hacen!

Si eres mujer de carrera y estás casada con una estructura familiar más tradicional, creo que es esencial que obtengas el apoyo de tu marido. Tal vez tu primera venta será «venderle» la idea, es decir, convencerlo de lo idóneo de tu decisión profesional. Si esto es cierto para ti, *lo que yo he observado es que la gente apoyará aquello que ayuda a crear*, así que involúcralo en tu trabajo. Las Consultoras de Belleza de Mary Kay son mujeres de negocios independientes y hemos descubierto que muchas de ellas involucran a sus esposos en las actividades profesionales como la contaduría, el archivo o las entregas. Muchos esposos también se hacen cargo de los niños mientras su esposa presenta las clases del cuidado de la piel. Hace poco recibí correspondencia de un hombre que me daba las gracias porque se sabía partícipe del negocio de su esposa. Dijo que desde que ella comenzó su carrera con Mary Kay, él pudo conocer mejor a sus hijos y valorar mejor esas responsabilidades que antes asociaba con ser mamá.

A principios de mi carrera en ventas con Stanley, no tenía marido a quien hacer partícipe, así que hice partícipes a mis hijos. El dinero que le cobraba a las clientas lo metía en un sobre y luego cuando terminábamos con nuestras entregas, vaciaba el contenido en la alfombra de la sala. Los niños se sentaban en la alfombra para separar y contar el dinero. También me ayudaban a surtir pedidos o a hacer entregas. Convertimos el «trabajo de mamá» en el «trabajo de todos». ¡Era hasta divertido! Mis hijos aprendieron el valor del dinero, la autodisciplina, la importancia de cumplir con los plazos y los compromisos, la importancia de fijarse metas y hasta aritmética. Por supuesto, entonces esto no parecía más que cosa de sentido común. Sin embargo, he escuchado a los psicólogos infantiles enumerar actividades similares cuando instruyen a las mujeres sobre cómo balancear una carrera con la crianza de sus hijos. Por lo visto los expertos han concluido que debemos tomar esas actividades rutinarias que todo mundo *debe* hacer y convertirlas en actividades divertidas que los niños *deseen* hacer.

Si bien es bueno que la familia participe en tu carrera, debes tener cuidado de no llevarles tus problemas a casa. Algunas veces la gente comete el error de discutir durante la cena todos los conflictos por más pequeños que sean y esto sólo sirve para preocupar a la familia. Por ejemplo, no hace mucho recibí una carta muy dura del esposo de una de nuestras Directoras. Enumeró todas las cosas que él creía que andaban mal con nuestras operaciones, así como lo que él creía que resolvería cada uno de nuestros problemas. Resultó que el problema *verdadero* era que su mujer tenía el hábito de detallar cada cosita que la molestaba. Claro, él tomaba partido por su mujer y la situación quedaba fuera de todo contexto y perspectiva.

Contesté su carta tratando de tranquilizarlo. Poco después hablé con su mujer en una reunión de unidad.

«Cometes el mismo error que yo solía hacer —le dije—. Yo acostumbraba contarle a Mel cada problema que se presentaba en la oficina, por más pequeño que fuera y por poco que me molestara. Luego él se enojaba con todo mundo que lastimaba a su querida mujercita».

Ella me escuchó atentamente y luego dijo: «Sabes, Mary Kay, tienes toda la razón. Sí, he llevado a casa mis pequeñas molestias, cosas que no están tan mal como él las pinta». Después dejó de contarle las nimiedades y se enfocó mejor en todas las cosas buenas que ocurrían.

Después ella me escribió y me dijo que todo se había resuelto. Seguro así es. No volví a saber de él y la unidad de ella ¡está que vuela!

Incluso en el caso de que estés muy involucrada en tu carrera, creo que es buena idea aprender cómo apagarla como se hace con el televisor. Recuerda que hay miembros de la familia que no están tan interesados en tu trabajo como tú. Está bien compartir datos interesantes pero las tensiones de la oficina, déjalas en la oficina. Usa el tiempo con tu familia y comparte y disfruta los asuntos familiares. Una mujer de carrera inteligente sabe que cuando aparta tiempo para estar de veras con su familia, se permite florecer en todos los aspectos de su vida. Conscientemente debes apartar ciertas horas del día para dedicarlas a tus seres queridos.

Puede ser sumamente gratificante impulsar una carrera. Descubrirás fuerzas y resolverás debilidades que nunca supiste que existían en ti. Sin embargo, si pierdes a tu familia al hacerlo, creo entonces que habrás fracasado. El éxito es mucho más maravilloso cuando tienes con quien compartirlo. No hay gran diversión en llegar a casa y contar sola tu dinero.

10

La lista de los 35 000 dólares

A PRINCIPIOS DE MI CARRERA EN VENTAS escuché una anécdota que tendría un efecto duradero en mí y en mi forma de trabajar. El tema era la administración del tiempo y la historia concernía a Ivy Lee, una líder experta en eficiencia, y Charles Schwab, presidente de la entonces pequeña empresa llamada Bethlehem Steel.

Ivy Lee llamó a Charles Schwab para decirle: «Puedo aumentar su eficiencia —y sus ventas— si me permite pasar quince minutos con cada uno de sus ejecutivos».

Por supuesto, Schwab preguntó: «¿Cuánto me va a costar?»

—Nada —le respondió Lee—, a menos que funcione. En tres meses me manda un cheque por la cantidad que considere justa. ¿Le parece?

Schwab aceptó, así que Lee pasó quince minutos con los ejecutivos de la apurada compañía de acero y les pidió que hicieran una sola tarea. Le pidió a cada ejecutivo que por los siguientes tres meses hiciera cada noche una lista de las seis cosas más importantes que tuviera que hacer al día siguiente. Por último, les pidió que las enumeraran en orden de importancia.

—Cada mañana comience con el primer punto de su lista y táchelo en cuanto lo termine —les dijo—. Siga con cada punto de su lista. Si no termina alguna de las tareas, pásela a la lista del día siguiente.

Al final del periodo de prueba de tres meses, la eficiencia y las ventas habían aumentado a tal grado que Schwab le envió a Lee un cheque por 35 000 dólares. Ese monto sigue siendo considerable por tan poquito trabajo; en dinero de hoy, 35 000 dólares probablemente equivaldrían a ¡350 000 dólares!

A mí me impresionó esta historia. Pensé que si esa lista valía 35 000 dólares para Charles Schwab, seguro valdría 35 dólares para mí. Analicé la historia, saqué un sobre viejo de mi bolso y apunté las seis cosas más importantes para el día siguiente. Desde entonces no ha habido día de mi vida que no haya hecho mi «lista de los 35 000 dólares».

Ahora bien, a todos alguna vez se nos ha dicho que hagamos una lista pero esta historia me convenció que una herramienta de este tipo podría significar dinero en mi bolso. Esta lista se convirtió en mi mecanismo para mantenerme con la mira puesta en el blanco. Es tan fácil saltar de una cosa a otra en un día ajetreado, viendo miles de pendientes importantes sin saber a ciencia cierta dónde comenzar. La lista me resuelve eso. La lista te obliga a decidir qué pendientes son *de veras los más importantes*; por eso precisamente es esencial mantener la lista breve y al grano. No exageres y apuntes diecisiete cosas que debes hacer porque verás ese número y pensarás que no es posible hacerlo. Seis es un número razonable y manejable. Si llegas a un punto en que puedas realizarlas todas, entonces considera hacer frente a tareas más grandes.

Lo más importante es que debes realizar la actividad física de apuntar las tareas sobre papel. Es muy fácil hacer la lista mentalmente y omitir o posponer algo a lo que quieras darle la vuelta. En cambio, cuando está en la lista, se vuelve concreto.

Suelo verme tan ocupada que no tengo tiempo para consultar mi lista pero para cuando le doy una ojeada otra vez por la noche, por lo general compruebo que realicé mis seis pendientes. Creo que se debe a que cuando me siento y los apunto, los refuerzo de tal forma que inconscientemente trabajo por alcanzar mis metas diarias.

Otro punto clave para organizar mi día de trabajo es organizar mi escritorio. Detesto trabajar en un escritorio desordenado y lleno de cosas, así que todas las noches arreglo mi trabajo para que mis proyectos terminados queden en una carpeta, el trabajo en vías de realizarse en otra, los materiales por revisarse vayan a otra carpeta, etc. De este modo, termino cada jornada con un escritorio pulcro. Cuando llego a la oficina la mañana siguiente mi secretaria me organiza mis carpetas para que coincidan con mi «lista de los 35 000 dólares» y comienzo a trabajar, punto por punto. En lugar de barajar las cosas y sacar lo que me gusta (algo que todos estamos propensos a hacer), comienzo con lo que está a la cabeza. No importa lo que sea. Incluso si necesito dos horas para investigar la respuesta a las preguntas en esa primera carta, no cejo hasta haberlo terminado. Sigo, en orden, hasta que llego a la última pieza del montón. Tomo cada trozo de papel *una sola vez*. Creo que este último punto es muy importante; de otro modo, tomas una carta y piensas: «Ay, no sé la respuesta, voy a tener que pensarlo». Usualmente haces la carta a un lado, la vuelves a tomar unas cuantas horas después y sigues sin saber qué hacer con ella. Es mejor reunir los datos que necesitas y tomar una decisión. Yo considero «revolver papeles» como un obstáculo para muchos gerentes ineficaces. Creo en proseguir con el trabajo que tenemos enfrente. Me parece que los gerentes ineficaces también pasan más tiempo preocupándose por algo, justo el tiempo que necesitarían para realizar la tarea. Se preocupan todo el día, en lugar de hacerle frente y realizarla. Esto suele ocurrir porque alguien no quiere fracasar o parecer tonto. Sin embargo, recuerda, si no estás dispuesta a fracasar, nunca triunfarás.

Trato de organizar mi día con el propósito de ahorrar el mayor tiempo posible. Una forma de hacerlo es manteniendo grabadoras en mi tocador, cocina y auto. De este modo, puedo aprovechar el tiempo —de otro modo ocioso— escuchando cintas de motivación y dictando mi correspondencia. Otra forma en la que procuro ahorrar tiempo durante la jornada de trabajo es comiendo en mi oficina. Con frecuencia me invitan a comer asociados de negocios pero rara vez acepto estas invitaciones. Las llamadas «comidas de trabajo» pueden durar hasta las dos o tres de la tarde y estar sentada en un restaurante por tanto tiempo por lo general significa que como demasiado y no me siento con ganas de trabajar cuando vuelvo a la oficina. Se ha perdido todo el día. Prefiero una comida rápida y ligera en mi escritorio.

Creo que siempre he estado muy al tanto del tiempo. El día tiene únicamente veinticuatro horas y desde que empecé a trabajar, toda mi vida he intentado sacar el máximo provecho de esas horas. Hace muchos años escuché que alguien comentó que levantarse temprano tres veces equivale a un día extra. Lo pensé y me dije a mí misma: «Si me levanto a las cinco de la mañana tres veces, tendré una semana de ocho días. ¡Exactamente lo que buscaba!»

Luego me di cuenta de que si me levantaba temprano seis veces a la semana, ¡tendría una semana de nueve días! También descubrí cuánto más se puede hacer en esas primeras horas de la mañana cuando no hay llamadas telefónicas ni interrupciones. Cuando descubrí lo mucho que disfrutaba mi semana de nueve días, decidí formar mi «Club de las Cinco de la Mañana».

Invito a todo mundo a que se levante a las cinco y se afilie al club. Es sorprendente ver cuántas personas en Mary Kay Cosmetics han decidido hacerlo. Por supuesto, algunas personas funcionan a su mayor capacidad por la noche y para ellas funcionar a las cinco de la madrugada sería imposible pero yo siempre extiendo mi invitación a todas las Directoras de Mary Kay nuevas. Muchas de ellas me han escrito diciéndome lo mucho que disfrutan de formar parte del club y lo mucho que logran antes que despierte el resto de la familia.

En mis discursos a grupos profesionales y comunitarios, suelo hablar de la lista de los 35 000 dólares y de mi rutina de levantarme temprano. Si mi auditorio es una clase de Directoras de Mary Kay potenciales, les pregunto cuántas desean afiliarse al Club de las Cinco de la Mañana y siempre hay un gran número de manos levantadas.

Luego les digo: «¡Estupendo! Una de estas mañanas les voy a llamar a las cinco y media y pedirles que me lean su lista de las seis cosas más importantes. Ahora, ¿cuántas de ustedes siguen decididas a ser parte de mi club?» Sorprendentemente, siguen levantando la mano. (*Y sí*, ¡he llegado a llamar!)

Cuando se levanta uno a tan temprana hora, a veces es difícil comenzar. Así que sugiero que cuando una mujer se levante a esa hora, se arregle para verse presentable el resto del día. Esto es *tan* importante para la mujer que trabaja desde su casa en lugar de una oficina. Vestirse y maquillarse eleva el ánimo de la mujer y la pone en un estado mental de negocios. Una mujer que se ve bien, se siente bien y, en consecuencia, también trabaja bien.

Una vez que te arregles, lo primero que hay que hacer es comenzar con tu lista de las seis cosas más importantes para el día. Empieza con el número uno, *no lo pospongas*.

Todo mundo tiene ciertas tareas que le resultan fácil evitar. Para muchas Consultoras de Belleza Mary Kay, una de esas tareas es llamar a sus clientas, aspecto esencial de nuestro programa para garantizar la satisfacción de la clientela. Se supone que después de dos semanas de cada venta, la Consultora debiera llamar a la clienta y asegurarse que está contenta con su compra. Le hace preguntas para saber si está contenta con sus productos para el cuidado de la piel de Mary Kay, si está observando buenos resultados y si no tiene preguntas. Se trata estrictamente de una llamada de servicio y un medio para comunicarle a la clienta su interés por ella. Aceptémoslo, las compañías que venden los cosméticos en los mostradores de las tiendas de departamentos no llaman a sus clientas. Este contacto nos ayuda a reforzar nuestro singular nivel de servicio. Con frecuencia una clienta necesita recibir más orientación sobre el uso apropiado de un producto específico. En raras ocasiones la Consultora tal vez necesite recoger un artículo y cambiarlo por otra fórmula o, aún más raro, reembolsar el dinero de la clienta. Cualquiera que sea la situación, cuando *conocemos* las preocupaciones de una clienta, podemos hacer algo por resolverlas.

Todo esto sencillamente significa que es muy importante llamar a las clientas y, por lo tanto, debiera estar al inicio de la lista de cualquier Consultora. Sin embargo, ocurre que es una de esas cosas que la gente evita por su temor al rechazo. Es fácil temer la tarea si crees que alguien te va a decir que no tiene tiempo de hablar contigo; o peor, que no le gustan los productos que le vendiste. Sin embargo, este temor es infundado. Una vez que la Consultora hace dos o tres llamadas y obtiene una respuesta entusiasta y positiva de sus clientas, espera gustosa la oportunidad de llamarlas.

Con frecuencia les digo a las Consultoras y Directoras: «Tú eres la única jefa que tienes y quiero que seas la jefa más exigente que puedas ser. Si de veras quieres que este negocio sea un éxito para ti, entonces debes imponerte un horario. Para las ocho y media de la mañana debieras haber completado todas tus tareas domésticas. Luego, trabajar de ocho y media a cinco de la tarde permitiéndote un descanso de treinta minutos para comer y un par de descansos de diez minutos para tomar café. Luego exactamente a las cinco, declara terminada la jornada». Hemos visto que si una Consultora invierte en su negocio el mismo tiempo que si trabajara en una oficina, puede fácilmente lograr el doble de ingresos que cualquier empleo de oficina pudiera pagarle. Tenemos Consultoras y Directoras que cada día lo comprueban.

El elemento más valioso que posee un vendedor es su tiempo. De hecho, la diferencia entre el éxito y el fracaso puede estribar en el modo en que se mide el tiempo. Un ejemplo excelente es una de nuestras Consultoras que opera en el sudoeste del país. Vive en un pueblo rural con una población de 7 500 habitantes. Esta pequeña población pudiera parecer que limitara sus posibilidades de ventas pero nuestra Consultora reserva clases en un área de 240 kilómetros a la redonda de su casa. Puede hacerlo porque pone en práctica excelentes técnicas de administración del tiempo. Por ejemplo, cuando organiza una clase a 160 kilómetros de distancia, reserva para ese mismo día otra clase del cuidado de la piel en un sitio cercano. De este modo no desperdicia el tiempo y el dinero que significa conducir tan lejos para una sola cita.

La gente común puede poner en práctica buenas técnicas de administración del tiempo y obtener buenos resultados. Por otra parte, la gente que parece que todo lo lleva a la perfección puede fracasar si no administra su tiempo. La gente del segundo grupo suele pensar que trabaja cuando en realidad lo único que hace es preocuparse. Se preocupa por esas cartas que debió haber escrito. Se preocupa por esas llamadas y ventas que pudo haber hecho. Mi consejo siempre ha sido: «Si vas a desperdiciar el día, hazlo en grande pero si vas a trabajar, entonces *trabaja*». Una hora de intenso trabajo vale lo que un día de ensoñaciones.

Tal vez por esto es que tengo tan poca paciencia cuando la gente es impuntual. Hace poco me pidieron que diera un discurso en una conferencia de mujeres de negocios sobre cómo se puede organizar y administrar una carrera más exitosamente. Sin embargo, los organizadores de este evento ni siquiera sabían cómo manejar el programa. Mi discurso estaba programado de dos a tres de la tarde; yo me había esforzado mucho para incluir toda la información que fuera posible en ese tiempo asignado. Para las dos y quince de la tarde, las participantes de la conferencia seguían llegando al auditorio y apiñándose alrededor de la mesa de inscripciones. Los supuestos organizadores no sabían cómo organizar a unos cuantos cientos de personas. Finalmente decidieron comenzar el programa y a las dos y veinticinco todavía me estaban presentando. Cuando finalmente pude empezar mi discurso, el programa ya llevaba media hora de retraso. Cuando voy a hablar en público hago una pequeña prueba: veo a ver si hay alguien lo suficientemente interesado como para tomar notas de la información que voy a exponer. Busqué en la multitud y no vi ni un solo lápiz ni bolígrafo. Nadie estaba ni siquiera remotamente interesado en aprender los consejos profesionales y atajos en la administración que yo estaba preparada para discutir. Los organizadores me habían engañado haciéndome pensar que se trataba de una sesión de capacitación cuando aparentemente lo que el auditorio quería era entretenimiento. Así que me alejé de mi discurso escrito y comencé a narrar anécdotas graciosas. Su opinión fue que el discurso había sido un éxito porque los había entretenido.

En Mary Kay Cosmetics creemos que no podemos desperdiciar el tiempo de esta forma. Cada reunión tiene un propósito útil y *nos apegamos al asunto a tratar* (claro, con un poco de humor). También somos muy estrictos sobre comenzar y terminar *a tiempo* cada reunión. Todos los lunes se llevan a cabo miles de reuniones de unidad Mary Kay por todo el país. Siendo responsables por tantas profesionales de las ventas, debemos poner el buen ejemplo, y lo hacemos.

Por supuesto, puedes aplicar muchas de estas técnicas «ahorratiempos» para organizar las responsabilidades de la casa.

Durante los primeros diez años de mi carrera observé que otras mujeres triunfaban y yo no porque ellas eran libres de usar su tiempo de un modo más productivo. Yo solía decir que tan pronto lo pudiera costear, iba a contratar una empleada doméstica. Si te has estado diciendo lo mismo, déjame que te dé un buen consejo: no puedes darte el lujo de *no* tener una empleada doméstica. Una de las mejores decisiones de carrera que puedes tomar en tu vida es contratar a alguien que te ayude con las tareas del hogar que tanto tiempo te quitan. Recuerda que tu tiempo es lo más importante que tienes; aprovéchalo al máximo.

¿Te das cuenta que el Presidente de Estados Unidos cuenta con la misma cantidad de tiempo que tú? ¡Pero mira lo que él logra hacer todos los días! Para las diez de la mañana —cuando la mayoría de la gente todavía está en su segunda taza de café— lo más probable es que él ya haya telefoneado a varios congresistas, puesto su firma en siete propuestas de ley y tenido una rueda de prensa. Tiene que hacer que estas horas le rindan lo más posible. Cada uno de nosotros cuenta con veinticuatro horas en cada día. Lo que cuenta es lo que tú *haces* con tus veinticuatro horas.

Si estás en plan serio con tu carrera, creo que no debes invertir tus veinticuatro horas en tareas que le puedes asignar a alguien más. Suelo decirle a nuestras Consultoras de Belleza que con una hora productiva en el teléfono pueden ganar el dinero suficiente para pagar todo un día de servicios domésticos. No te preocupes por «planchar por amor» el cuello de la camisa de tu marido; lo más probable es que él ni se dé por enterado (ni le importe). Todo lo que él quiere es una camisa limpia cuando la necesite.

Después de que la gente me dice que no puede costear este servicio, la segunda excusa que escucho es: «No puedo tener empleada doméstica, soy muy particular». Ésa no es excusa. Yo soy muy particular en la forma en que se deben doblar las toallas de la cocina antes de guardarlas en los cajones. Si alguien las dobla de otro modo, quiero que las vuelva a doblar a mi gusto. Yo le enseñé a mi empleada cómo hacerlo y tú también puedes. Tal vez se necesite un mes para capacitar a alguien pero es tiempo bien invertido. Recuerda que la empleada doméstica *también* es una mujer de carrera y que también quiere ser exitosa en su trabajo.

Lo importante es que alguien más haga esas tareas que no tienes que hacer tú personalmente. Una de las mejores cosas que yo hice fue confeccionar una lista con todo lo que se tiene que hacer rutinariamente. Luego marqué las tareas que nadie más que yo podía hacer. Estas son las cosas que yo tenía que hacer y me concentré en hacerlas. Tenía a alguien más para que se encargara del resto. Tú eres la única persona que sabe cómo se debe organizar esa lista. Si crees que es muy importante para tu hijo que encabeces su grupo de Niños Exploradores, entonces hazlo. Cuando organices tu tiempo, debieras hacer primero las cosas que de veras son importantes para ti y tu familia. Luego haz lo que es importante para tu carrera. Después de esto, todo lo demás es extra.

Cuando finalmente tomé por primera vez la decisión de contratar a una empleada doméstica, aún tenía dudas. Pensaba que era algo que no podía costear pero en un acto de fe puse un anuncio en un periódico de fin de semana y esperé la respuesta. Cada vez que pensaba en pagarle a una empleada doméstica, mi corazón daba un vuelco porque la verdad era que ni siquiera podía pagar el anuncio. Yo necesitaba alguien que de veras pudiera hacer de *todo*, así que incluí todos los requisitos: cocinar, limpiar, cuidar a tres niños, etc. Terminé el anuncio mencionando el sueldo que yo podía pagar y luego pensé: «Cualquiera que esté lo suficientemente loca para contestar este anuncio de veras que se lo anda buscando».

Sin embargo, el domingo por la tarde una mujer presentó una solicitud. Mabel era una persona encantadora y yo quedé muy complacida cuando aceptó el puesto. Pensé cuán grande era mi fortuna. Mi gusto duró poco cuando recordé que Mabel empezaría a trabajar el lunes por la mañana. ¿Cómo le iba a hacer para pagarle?

¡Esto sí que fue motivación! Nunca había reservado tantas fiestas, ni vendido tanto, ni reclutado tanta gente como esa semana. Después de todo, tenía que ganar más para pagar el sueldo de Mabel. Gané suficiente dinero para pagarnos a las dos porque fue gran alivio el mío que ella se hiciera cargo de los quehaceres de la casa. Desde allí, cada semana mi meta era ganar suficiente dinero el lunes para pagar su sueldo el viernes. Lo que ganara el resto de la semana era para mí. Todo funcionó muy bien y Mabel se quedó conmigo por nueve años.

El tener una empleada doméstica ha sido tan estupendo para mí que debo animar a que otras mujeres hagan lo mismo. Si sigues fregando pisos, ¡tienes que dejar de hacerlo! Como una de nuestras Directoras dijo una vez: «Toda mi vida he tallado la misma mancha en mi casa... y sigue allí». Va a seguir sucia, así que consigue a alguien más que lo haga. Delega labores. *Deja de invertir tiempo que vale dólares en tareas de a centavo.*

Aun en el caso de que no estés convencida de necesitar una empleada doméstica, sigue siendo importante que organices tu casa como organizas tu carrera. Permíteme darte un consejo que creo que le ayuda a cualquier mujer a atender su casa más fácilmente. Le pedí a mi empleada doméstica que limpiara minuciosamente una habitación al día en lugar de tratar de limpiar toda la casa a la vez. Con esto me refiero a quitar telarañas de las esquinas del techo, sacudir, aspirar, pulir los muebles, etc. Si este trabajo se hace en una habitación a la vez, toda la casa estará limpia al término de la semana. Lo mismo hago cuando se trata de limpiar los cajones. Me encantan los cajones bien organizados, así que tengo la costumbre de arreglar uno rápidamente todas las mañanas. Al hacerlo cotidianamente se mantienen limpios y relativamente bien organizados.

También puedes ahorrar mucho tiempo si organizas tu lista de víveres. La mayoría de las mujeres tienden a hacer compras frecuentes. Algunas hasta pasan por el supermercado todas las noches después del trabajo. Sin embargo, puedes ahorrar tiempo y dinero si haces las compras una vez a la semana. Primero, te ahorras la gasolina que usas en ir y venir del supermercado. Luego, no es posible sólo ir de carrera a la tienda «para comprar una sola hogaza de pan». Siempre he dicho que el vendedor más listo que ha existido es el que inventó el carrito de compras. ¿Cuántas veces has ido al supermercado por un solo artículo y terminas llenando el carrito? El tiempo que le dedicas a las compras será más eficiente si siempre haces tus compras con lista en mano. Cada vez que se me acaba un artículo, lo enumero en una pizarra que tengo en mi cocina. Luego, antes de ir al supermercado, paso mi lista a un papel y me apego a ella. Recortar cupones es un modo de vida en este país y tengo que admitir que me gusta ver cuando el cajero me devuelve varios dólares. Sin embargo, se puede consumir mucho tiempo dedicándolo a recortar cupones. He organizado esta tarea manteniendo unas pequeñas tijeras y un pequeño archivero alfabético. Cuando encuentro un cupón de un producto que yo uso, lo guardo en orden alfabético para mi siguiente viaje al supermercado. Todo el proceso está simplificado y me siento bien al ahorrar dos o tres dólares.

Hasta una mujer con una empleada doméstica termina cocinando mucho. Claro, una persona como yo puede disfrutar de la cocina y considerarlo como una forma de relajación o como tiempo para que la familia se reúna en un proyecto grupal. Por ejemplo, me gusta preparar un buen desayuno y uno de mis artículos favoritos son los panecillos o *biscuits* recién preparados. Yo sé que podría meter al horno de microondas un *biscuit* preparado comercialmente pero me gusta hacerlos de principio a fin. Ahora bien, quita mucho tiempo medir la harina y mezclar la manteca vegetal, así que encontré un modo de ahorrar tiempo; se trata de guardar en una repisa una hornada grande de harina preparada para *biscuits*. Cada mañana, simplemente tomo una cucharada copeteada para cada *biscuit*, añado un poco de leche, le paso el rodillo y lo meto en el horno tostador. Mientras están listos, cocino el tocino y los huevos. La misma harina me sirve para *pancakes*, sólo que le añado más leche y un poco de azúcar. La forma en que preparo los *biscuits* no tiene nada de especial pero sirve para ilustrar cómo se pueden simplificar las cosas sin sacrificar lo que le guste a tu familia. Se trata nada más de planear con tiempo.

En la actualidad todos debiéramos ser creativos para organizar nuestras comidas. Con tantos miembros de la familia haciendo tantas cosas distintas, es un reto servir comidas nutritivas y de bajo contenido graso. Son más y más los estadounidenses que comen en restaurantes como parte normal de su rutina. Además de ahorrarse el tiempo de preparar la comida y limpiar la cocina, salir a comer puede ser un modo estupendo para que una familia activa y ocupada se reúna alrededor de la mesa. Sin embargo, habiendo dicho eso, creo que debiéramos poner un poco de atención a las señales de advertencia de que esta tendencia nos lleva a niveles peligrosamente altos de grasa, sal y azúcar en nuestras dietas.

Uno de mis ejemplos favoritos de organización en la cocina viene de una destacada Consultora en la isla de Guam. La siguiente vez que te quejes sobre cómo preparar la cena, piensa en esta mujer. Tenía diez hijos y un marido a quienes les gustaba seguir la costumbre isleña de sentarse al mediodía para una comida caliente. Además de lograr esta hazaña, nuestra Consultora presentaba dos clases al día y estaba por convertirse en la Reina de Ventas de su unidad. Cuando la conocí le pregunté que cómo diantre lo lograba.

Luego me explicó su método. No presentaba clases los sábados porque ese día lo apartaba para supervisar a su familia mientras cocinaban y congelaban suficientes comidas para toda la semana. Luego, cada mañana entre semana, los niños la ayudaban a poner la mesa y preparar el desayuno. Una vez limpios los trastos, ponían la mesa para el mediodía y se iban a la escuela. Antes de salir para su clase de las nueve, la Consultora ponía la comida congelada en el horno y ponía el reloj automático. Para las once y media de la mañana volvía a casa para encontrar la comida cocinándose y para el mediodía su marido y sus hijos estaban sentados a la mesa. Para la una y media se repetía el ciclo y salía para su clase de la tarde. A las cuatro volvía a casa para recibir a sus hijos cuando llegaban de la escuela y disfrutar una cena ligera. ¡Eso sí es estar organizada!

Creo que cualquier mujer puede aprender una lección de este ejemplo y ahorrar mucho tiempo con las tareas de la casa. La clave está en planear y delegar el trabajo a otros miembros de la familia. Ya te conté cómo mis hijos me ayudaban a surtir pedidos pero también tenían quehaceres domésticos regulares. Creo que los niños deben tener tareas familiares independientemente de las circunstancias económicas. Mis hijos tenían que arreglar su habitación y hacer varias otras tareas como de jardinería, recoger las hojas de los árboles, lavar trastos y sacar la basura. Si tienes hijos, tú sabes que el obstáculo más grande para un plan de este tipo son las riñas cotidianas respecto a quién le toca o cuánto es suficiente. Yo resolví esto desarrollando un sistema estandarizado de evaluación de desempeño. Ahora bien, yo no sabía entonces que se usaba como una técnica estándar de administración de recursos humanos. A mí me parecía sólo sentido común. Aun así, funcionaba. Asignaba las tareas y enumeraba cuidadosamente lo que consideraba un estándar apropiado de la excelencia en cada actividad. Se asignaba un quehacer para toda la semana y durante esa semana registraba el progreso diario en un cartel que tenía colgado en la cocina. Todos los días evaluaba cada tarea y la calificaba mediante unas estrellitas. Una estrella dorada significaba que el niño había hecho su trabajo según el estándar y sin necesidad de que se le recordara que lo hiciera. Una estrella plateada significaba que había hecho el trabajo después de un par de recordatorios y una estrella roja significaba que el trabajo era inferior al requerido. Al final de cada semana, sumaba las estrellas y usaba una pequeña fórmula para calcular el monto del dinero que le daba a cada niño. Además de ser eficiente, creo que este sistema les enseñó las consecuencias y recompensas asociadas con el trabajo y el desempeño.

Cuando organizo el trabajo siempre recuerdo la Ley de Parkinson: «El trabajo se expande hasta requerir tanto tiempo como se le destine». Qué cierto es. Acuérdate de aquel sábado por la mañana que recibiste la llamada sorpresa de una amistad o pariente de fuera de la ciudad. «Hola —te dijo—, estamos a las afueras de tu ciudad y estaremos en tu casa como en treinta minutos». ¿Te acuerdas cómo pudiste limpiar la casa en treinta minutos? ¿Te acuerdas también cuando disponías de tres horas para empacar para un viaje inesperado para lo que normalmente hubieras invertido dos días? Bueno, esa es la Ley de Parkinson en acción.

Uso este principio a mi conveniencia, imponiéndome límites de tiempo para cualquier tarea. Cuando planchaba mi ropa, me daba tres minutos para planchar una camisa. Si tendía las camas, me permitía dos minutos por cama. O bien, probaba si podía limpiar la cocina en diez minutos. Lo convertí en juego: ¡a ganarle al reloj! Esto era bueno para mí porque me recordaba que no importara lo que hiciera, mi tiempo era valioso. ¡El tiempo es demasiado valioso como para desperdiciarlo!

11

Planea tu vida como planeas tus vacaciones

¿QUÉ SON LAS VACACIONES? Tal vez tú te vayas a la playa para divertirte y relajarte o a una ciudad nueva como aventura y ocasión de aprendizaje. Sin embargo, es considerable el esfuerzo de empacar los materiales necesarios para la vida en la playa. Para la mayoría de la gente se trata de un ambiente ajeno y tal vez se tenga que acostumbrar a cosas nuevas como el sol, el ruido y la arena en las sábanas. De todos modos, lo haces porque es *divertido*. Asimismo, se necesita mucho esfuerzo para viajar a una ciudad nueva. Hay que tener un mapa para pasearse; te puedes confundir con las calles de un solo sentido y en las rampas de las autopistas que parecieran estar ocultas. Puedes pasar medio día para llegar caminando hasta la cumbre del edificio Empire State o a cada monumento de Washington, D.C. Viéndolo bien, es mucho trabajo. Sin embargo, lo haces porque es una *aventura*. Hay gente que camina millas por una desconocida ciudad europea cuando en su ciudad hubiera tomado un taxi para un recorrido de tres cuadras que los llevaría a casa. Explican que lo hacen porque son vacaciones y las *vacaciones* son para expandir sus horizontes y aprender cosas nuevas.

¿Por qué no abordas cada día de tu vida profesional con el mismo entusiasmo y el mismo espíritu de aventura que le dedicas al arduo trabajo de vacacionar? ¿Por qué no puedes ampliar tus horizontes, aprender cosas nuevas y, sobre todo, divertirte?

Yo creo que puedes. Existen únicamente tres prerrequisitos.

Primero, tienes que escoger un trabajo que de veras te apasione, algo que desafíe y satisfaga tus fuerzas individuales. Segundo, tienes que planear ese día de trabajo con el mismo detalle que cuando planeas tus vacaciones. Tercero, tienes que comenzar a ver tu carrera como si esperaras de ella emociones y diversión.

Escoger un trabajo que te apasione es a la vez sencillo y difícil. La dificultad estriba en que necesitas analizar y decidir quién eres y qué te hace feliz. Una vez que lo hayas definido, será relativamente sencillo encontrar un trabajo que se ajuste a lo que ya tengas definido. No soy psicóloga, así que no voy a fingir que sé cómo puedes descubrir tu yo interno. Sin embargo, creo que un buen punto de partida es reconocer tus fuerzas reales y reconocer aquello que es lo más importante para ti. Como sabes, creo firmemente en la confección de listas. Cuando estoy confundida o preocupada por una decisión, enumero todas las ventajas y desventajas de una solución específica. De alguna manera, me ayuda a pensar más claramente cuando veo los hechos sobre papel. Por ejemplo, supe a muy tierna edad que quería tener una profesión donde pudiera ayudar a la gente, competir contra mí misma, cumplir con grandes retos y percibir ingresos razonables para mi familia. Al principio pensé que lo podría lograr ejerciendo la medicina pero descubrí que esas mismas necesidades se satisfacían primero en mi carrera de ventas y luego cuando comencé mi negocio propio.

Después de que descubrí qué quería hacer como trabajo, tenía que contar con un plan. ¿Alguna vez has tenido un sábado en que te levantas y no tienes una sola cosa planeada para el día? Te la pasas de una cosa a la otra y al final del día te das cuenta que no lograste nada. Te sientes vacía, deprimida y frustrada; desperdiciaste un día que nunca podrás volver a vivir. Bueno, así como te pasaste todo ese día, algunas personas se la pasan una semana, un mes, un año... hasta una vida.

Sin embargo, esa misma gente podría hacer una buena labor en la planeación de sus vacaciones. Supón que un día tu marido llega a casa del trabajo y te anuncia: «Mi amor, tengo dos semanas de vacaciones a partir del primero de agosto». De repente tienes muchos planes.

«¡Maravilloso! Veamos, ¿adónde vamos? ¿Cómo llegamos allí? ¿Dónde nos hospedamos? ¿Qué tipo de ropa necesitarán los chicos?»

Resuelves cada detalle. Planeas esas vacaciones hasta el último punto. Sabes exactamente lo que van a hacer el primer día de vacaciones y, como consecuencia de ello, tienen un viaje exitoso.

¿Qué ocurre cuando vuelves a casa? Vuelves a tus viejas rutinas. Te levantas por la mañana, te apresuras al viejo trabajo de siempre, vuelves a casa por la noche sin planes, ves la televisión y te vas a la cama. El siguiente día tiene el mismo patrón. Al final de la semana, nada ha cambiado y vuelves a lo mismo el lunes. Para finales de mes y para finales del año, estás donde estabas el año anterior. Sin metas, puedes desperdiciar toda tu vida, sin ningún resultado que no sea un sentimiento de frustración e insatisfacción.

Si te fueras a ir manejando a tu lugar de vacaciones, no lo harías sin un mapa. Lo mismo debiera aplicarse a tu vida. Sin un plan —un mapa con los caminos— nunca llegarás adonde quieres ir. Para lograr algo significativo, debes decidir lo que deseas de la vida. Éstas son tus metas a largo plazo. Como con la lista de los 35 000 dólares, escribirlas las vuelve más concretas.

Con frecuencia cuando la gente enumera sus metas a largo plazo, le parecen abrumadoras. Sin embargo, como dice el viejo proverbio chino: «El viaje más largo comienza con un solo paso». En otras palabras, para lograr cosas grandiosas, debes hacerlo alcanzando primero metas pequeñas. A las Consultoras nuevas que se unen a Mary Kay Cosmetics se les exhorta a que presenten cinco clases del cuidado de la piel en su primera semana de negocios. Es importante fijarse metas realistas y a corto plazo —metas que realmente se puedan alcanzar—, luego pasar a metas más grandes cuando se afiance su confianza en sí mismas.

Al mismo tiempo, una buena meta es como un ejercicio extenuante, te hace que te estires. Las metas deben estar levemente fuera de tu alcance para que tengan un valor máximo. Cuando digo: «Estírate para alcanzar la luna», no quiero decir que debes fijarte metas ridículas. Fíjate metas que puedas obtener pero estírate.

Recuerda que si le tiras a la luna y no aciertas, de todos modos habrás quedado entre las bellas estrellas.

En una reciente conferencia de ventas hablé con una Consultora de Belleza que estaba tan entusiasmada y emocionada con lo que había escuchado que decidió volver a casa y estirarse para llegar a la luna. Quería comenzar con tener mil dólares en ventas minoristas por semana. El único problema es que en esos momentos lograba un promedio de 400 dólares a la semana. Le sugerí una meta más pequeña y realista; una semana de 500 dólares por semana podría ser más apropiada. Le recordé otro viejo dicho: «Centímetro a centímetro, es fácil; pero metro por metro, no». «No sólo veas la cantidad de 500 dólares —le dije—, divídela en metas diarias. Quinientos dólares por semana representa una meta diaria de cien. Habría que reservar una clase para cada día. Si no alcanzas esa meta de cien dólares, vuelve a casa y comienza a llamar a tus clientes para que repitan pedidos hasta que lo logres».

No importa cuál sea la meta final, es muy importante fijarse metas diarias y luego alcanzarlas. Si te atrasas con veinte dólares un día y con cuarenta al siguiente, pronto te sentirás tan atrasada que lo más probable es que te declares vencida.

En otro ejemplo, una joven muy ambiciosa me buscó para pedirme consejos sobre cómo comenzar un negocio. Tenía un poco de experiencia en las ventas minoristas y su meta era abrir una cadena nacional de tiendas dedicadas a la venta de ropa. Me contó sus planes de abrir en varias ciudades grandes y luego expandirse a Canadá. Sin embargo, ni una sola vez mencionó cómo operaría su *primera* tienda.

Finalmente le dije: «¿Por qué no te concentras en hacer un fenomenal trabajo con una sola tienda de ropa en tu ciudad? Aprende todo sobre las operaciones de una sola tienda; luego que lo hayas hecho, haz planes de abrir una segunda, una tercera, etc. Mientras tanto, el método de tanteos te ayudará a resolver cualquier problema significativo. Una vez que tengas en operación varias tiendas en tu propia ciudad, abre en otra ciudad. Luego puedes pasarte a un estado vecino. Si procedes de este modo, un paso a la vez, llegarás a estar al mando de tu cadena nacional».

A esta joven empresaria le dije que debiera poner la mira en metas alcanzables a corto plazo. De otro modo, el gran sueño de su vida sería demasiado abrumador. Es fabuloso pensar en grande pero ten cuidado de dividir la meta grande en metas más pequeñas que puedas alcanzar estirándote. Este capítulo parece contener varios dichos viejos. Aquí está otro: «Se puede comer un elefante de una mordida a la vez».

El mundo está lleno de gente demasiado presta a soñar pero lenta en ponerse en acción. Con frecuencia se debe a que no ha dividido las metas grandes en metas más manejables; pero con más frecuencia aún es el temor al fracaso. Tan grande puede ser dicho temor que muchos nunca intentan nada. Sólo puedes superar ese miedo si estás dispuesta a ponerte en marcha. La muerte del temor está en hacer precisamente lo que temes hacer. Sí, cometerás errores en el camino pero también aprenderás. Como dije antes, *fracasamos hacia el éxito*. Sí, cometerás errores y algunas veces te frustrarás en tu esfuerzo por llegar a tus metas. Sin embargo, por cada fracaso hay un curso de acción alternativa. Lo que tienes que hacer es encontrarlo. Cuando llegues a un barricada, toma una desviación. Ve en otra dirección. No dejes que un obstáculo te detenga. Sáltalo, pasa por debajo, rodéalo pero no te des por vencida. Ten confianza en ti misma y encontrarás otra ruta. Recuerda que los obstáculos nos «pulen» o nos «desgastan». Un brillante alguna vez fue un trozo de carbón hasta que bajo tanta presión se pulió a la perfección.

En el capítulo anterior hablé de la importancia de escribir tu plan diario, aquella lista de los 35 000 dólares de tus seis pendientes más importantes para el día. Creo que hasta puedes extender ese principio un poco más. ¡Yo solía tomar una barra de jabón y apuntaba mis metas semanales en el espejo del baño! Cada semana fijaba mis metas y luego las ponía enfrente de mí para que toda la familia las viera. Si mi meta eran diez clases del cuidado de la piel para esa semana, la apuntaba en ese espejo. Luego, al presentar cada clase ponía una marca para indicar en qué punto me quedaba. Contar con un recordatorio visual cristalizaba mis pensamientos. Vi que si perdía una cita, haría todo esfuerzo posible por obtener una nueva esa misma semana porque yo *esperaba* de mí misma presentar diez clases. Hice lo mismo con otras metas. Si planeaba reclutar a dos personas nuevas la semana próxima, lo apuntaba en el espejo.

Descubrí que veía el espejo con frecuencia pero no me detuve allí. También apunté mis metas en notas y las pegaba en la visera de mi coche, en mi refrigerador y en mi escritorio. Las tenía en todas partes para tener presente constantemente (y los demás también) lo que quería lograr esa semana. Pronto, estas metas estaban tan grabadas en mi mente subconsciente que todo lo que hacía estaba naturalmente encaminado a lo que me ayudara a alcanzarlas. Yo me limitaba a hacer automáticamente las cosas correctas porque me había programado para triunfar.

He tenido gente que me ha dicho que jamás se le ocurriría anunciar sus metas así porque, ¿qué pasaría si fracasaban? Yo creo que ayuda que los demás sepan cuáles son tus planes. Para ilustrar mi punto, permíteme contarte una experiencia que tuve cuando comencé mi carrera en ventas.

Llevaba tres semanas con Stanley Home Products y quería asistir a la convención anual de la compañía en Dallas. Entonces promediaba siete dólares por fiesta, así que yo sabía que tenía mucho que aprender y pensé que la convención sería un buen punto de partida. El costo del viaje era de doce dólares e incluía el pasaje en el tren alquilado para el viaje de ida y vuelta de Houston a Dallas y tres noches de estadía en el hotel Adolphus. (¡Ya te imaginarás cuánto tiempo hace de esto!) Yo no tenía doce dólares, así que tuve que pedir un préstamo a una amiga que primero me dio un sermón sobre cómo *debería* gastar mi dinero en zapatos para los niños en lugar de correr a una «terrible convención como hacen los hombres».

Yo tenía otro vestido nada más y no tenía maleta, así que vacié mi maletín de Stanley y empaqué mis cosas. No sabía si la cuota de doce dólares incluía las comidas, así que empaqué medio kilo de queso y una caja de galletas de soda, por si acaso. (Todavía hoy me siento más tranquila si hay queso y galletas en mi habitación.) Como no tenía dinero extra, todo lo que el botones consiguió por cargar mi maletín fue un dulce «muchas gracias». Como sucedería hoy, no le cayó en gracia.

Empero, el viaje valió la pena porque esos tres días cambiaron mi vida. Observé a la vendedora más destacada cuando la coronaron como Reina de Ventas y le presentaron el máximo premio: un hermoso bolso de cuero de caimán. Con cada fibra de mi ser yo quería estar bajo esos reflectores. Me senté en las filas de asientos traseros porque como estaba tan abajo en la escalera profesional, allí fue donde me tocó. Llevaba sólo tres semanas con la compañía y mi promedio de siete dólares por fiesta era lo más bajo que podía uno tener. La reina y yo éramos opuestas en todos los sentidos. Ella era alta, delgada, de cabello oscuro... y exitosa. Yo no era alta ni delgada y lo más probable es que yo fuera la menos exitosa en el salón. Me impresionaron tanto la corona, el bolso de caimán y, más que nada, el reconocimiento otorgado a la reina, que juré en el acto que al siguiente año yo sería reina.

Una de las cosas que nos dijeron ese día fue: «Enganche su carreta a una estrella». Yo me «enganché» a esa reina con tantas fuerzas que seguro lo sintió desde atrás del salón. Otro principio que nos enseñaron fue: «Consígase un ferrocarril por donde desplazarse». Entonces Stanley no tenía un manual de ventas ni una guía escrita que uno pudiera seguir y yo necesitaba ese camino. Así que después me acerqué a la Reina de Ventas y le rogué que hiciera una fiesta Stanley una noche para que yo aprendiera de ella. Aceptó (probablemente porque mi admiración era tan obvia) y durante su demostración tomé diecinueve páginas de notas. La demostración de ventas se convirtió en mi vía férrea y esas notas se convirtieron en mi trampolín hacia el éxito.

La última lección que aprendí en esa convención fue: «Dígale a alguien lo que va a hacer». De inmediato pude ver que esto era muy importante para fijarse las metas personales: no guardarlas en secreto. Después de todo, debes anunciar las metas y no tenerlas como secreto. Así que pensé a quién le podría yo decir las mías. Decidí que si le iba a decir a alguien, mejor sería decírselo al presidente de la compañía. ¿Te imaginas? Había mil personas en esa convención y entre todas ellas la pequeña Mary Kay con un sombrero tan feo que mis asociadas se burlaron de él por diez años. (Lo peor del caso es que los primeros nueve años de esos diez yo ni siquiera me di por enterada de las burlas.) Aun así, enderecé mi sombrero y marché firme y decidida hasta el presidente, Frank Stanley Beveridge, y le dije: «El año próximo *yo* seré la reina».

Debió haberse reído; sin duda me habré visto ridícula. Si él hubiera sabido que hablaba con la vendedora más nueva con un promedio de siete dólares por fiesta, lo más seguro es que sí lo hubiera hecho. Sin embargo, en lugar de eso, tomó mi mano y la sostuvo en la suya por un momento, me vio directamente a los ojos y me dijo: «Sabe, de algún modo u otro creo que lo hará». Estas cuantas palabras cambiaron, literalmente, mi vida.

Seguro olvidó el detalle en los siguientes cinco minutos pero sus palabras se me grabaron en la memoria. Anuncié mi meta y el presidente de la compañía pensó que yo podía hacerlo. Después de eso, simplemente no podía defraudarlo.

En el transcurso del siguiente año, *fracasé* camino al éxito. Me llevé mis diecinueve páginas de notas y me las memoricé. Si bien nuestras personalidades eran distintas, me di cuenta que las palabras de la Reina de Ventas eran mucho mejores que las mías. Era obvio que había triunfado donde yo había fracasado. Así que usé las palabras *de ella* y mis ventas de inmediato subieron de siete a 28 dólares por fiesta. Su presentación se convirtió en mi vía hasta que pude hacerme de la mía.

Al final de ese año fui la Reina de Ventas. Recordarás que el año anterior le habían dado a la reina un bolso de cuero de caimán. Un bolso tan caro como ése estaba más allá de mis posibilidades económicas, así que me propuse de corazón ganármelo. Hasta cargué con una foto de un bolso de caimán parecido para recordar mi meta. ¡Resulta que ese año cambiaron el premio y me dieron otra cosa! Ya ni lo recuerdo, sólo sé que *no* fue un bolso de cuero de caimán.

Bolso o no, me había transformado en Reina de Ventas al fijarme una meta, dividiéndola en tareas pequeñas y realistas, y anunciándola al mundo.

En Mary Kay Cosmetics siempre hemos creído en explicar claramente lo que se necesita hacer para ascender por la Escalera del Éxito. Esto facilita que nuestras Consultoras se fijen sus metas personales. Una de las cosas que siempre me ha molestado de otras compañías es que nunca digan lo que una persona tiene que hacer para avanzar. Te limitas a trabajar y esperar hasta que alguien por final te diga: «¡Sorpresa! ¡Es gerente!» Decidí que si alguien sabía lo que tenía que lograr para ser exitosa, lo haría. *Tendría dirección.*

Si eliges una carrera que satisfaga tus necesidades personales y si planeas cuidadosamente los pasos que necesitas tomar para alcanzar tus metas, la consecuencia natural es que te diviertas en tu trabajo. Para mí la vida no es una vela efímera, ¡es una antorcha espléndida que quiero que brille resplandeciente antes de cederla a las generaciones futuras!

12

Cómo triunfar en el mundo de los hombres poniendo un gran empeño

NO IMPORTA SI ESTÁS CASADA, soltera, viuda o divorciada. Si eres mujer recorres un sendero único en el mundo de los negocios. Esto se debe a que el mundo sigue siendo de los hombres. La ilustración más obvia está en la billetera. Casi la mitad de la fuerza laboral nacional es femenina. 53 por ciento de todas las mujeres mayores de dieciséis años de edad trabajan (o buscan trabajo) fuera del hogar. Sin embargo, la mujer hoy gana en promedio sólo 70.6 centavos por cada dólar que gana el hombre.

Me suelen preguntar cómo pude superar esta desigualdad y triunfar en un mundo de hombres. Te puedo decir que cuando yo comencé mi negocio propio, estaba ya en la mediana edad, tenía venas varicosas y no tenía tiempo de hacerme la tonta.

Buena parte de mi actitud hacia mí misma y el tipo de carrera que había buscado se debe a una mujer excepcional: mi madre. Nunca me dijo «no puedes». Durante mi primer matrimonio realicé mi sueño tan largamente anhelado de ir a la universidad y lo que entonces quería ser era médico. Eran los días cuando las madres les aconsejaban a sus hijas que aspiraran a «metas realistas» pero mi madre me dijo «adelante». Ella había sido enfermera y se dio cuenta de que las enfermeras eran ciudadanos de segunda clase en la profesión de la salud: criadas de los médicos. Ella no quería eso para mí, por eso me dijo: «Sé médico».

Como te dije, mis planes cambiaron y me abrí camino en una

carrera que terminó siendo la más apta para mis puntos fuertes y mis necesidades. Sin embargo, la confianza que me inculcó mi madre me hizo creer que podía lograr cualquier cosa que yo decidiera.

Volví a depender de estas fuerzas otra vez cuando, contra todo pronóstico, inicié Mary Kay Cosmetics. En realidad, sólo sembré una bellota de la cual brotó un gigantesco roble. Sin embargo, este crecimiento se dio porque pudimos satisfacer las necesidades de la mujer de carrera de modos que no eran procurados por ninguna otra compañía. Dejamos que la mujer aprendiera y creciera a toda su capacidad, y que lograra ser todo aquello para lo cual tuviera la suficiente inteligencia.

Hace poco escuché una muy buena definición de las necesidades de la mujer. Del nacimiento hasta los catorce años, necesita buenos padres y buena salud. De los catorce a los cuarenta, necesita verse bien. De los cuarenta a los sesenta, necesita tener personalidad y de los sesenta en adelante, necesita dinero en efectivo. Yo concuerdo con esta definición, excepto que viendo cómo va nuestra economía, seguro necesitará antes el dinero en efectivo.

Hoy hay más de cuarenta millones de mujeres en el campo laboral y este número seguramente aumentará cuando veamos un incremento en los costos de educar a los niños, de la buena atención a la salud y de brindarle a la familia los bienes y servicios esenciales. Hoy la mujer está mejor educada que nunca. Las mujeres exceden en número a los hombres en los colegios comunitarios del país y en las escuelas de posgrado, la proporción es casi igual (51 por ciento para los hombres y 49 por ciento para las mujeres). Como resultado, desde hace mucho que ha pasado a la historia la anticuada noción de que la carrera de una mujer es un intervalo de dos años entre la universidad y el matrimonio.

En mi opinión, muchas mujeres que trabajan fuera del hogar son más interesantes, mejores esposas, mejores madres, mejores miembros de la comunidad y más conocedoras que nunca en la historia.

Sin embargo, recientemente leí un informe que de veras me consternó. Se trataba de una encuesta tomada por el Consejo de la Conferencia Industrial Nacional de la ciudad de Nueva York, una institución de investigación independiente sin fines de lucro. Fundada en 1916 por destacados industriales estadounidenses, esta organización proporciona información objetiva sobre tendencias y prácticas económicas. El informe indicó que si bien los sueldos de los hombres han aumentado para contrarrestar la inflación en aumento, los sueldos de las mujeres han permanecido estancados. En consecuencia, se nos paga proporcionalmente menos que en el año de 1939. Incluso después de la Ley de Paga Igualitaria de 1963, en promedio, la mujer sólo gana 62 por ciento de lo que gana su contraparte masculina. Tal vez comprendas mi orgullo cuando te digo que las ganancias promedio de la Directora Nacional de Ventas de Mary Kay superan los cien mil dólares; o mi orgullo cuando los analistas de negocios reportan que tenemos más mujeres que ganan más de cincuenta mil dólares anuales que en ninguna otra compañía en el país. Creo que estarás de acuerdo conmigo en que esta paga es como la de los hombres. Más emocionante aún es la noticia de que estas mujeres también les enseñan a otras mujeres a hacer exactamente lo mismo.

Siempre me molestaba ganar menos que mis compañeros. Yo sabía que una mujer tenía que ser dos veces mejor para percibir lo mismo que un hombre. Sin embargo, como apurada joven mujer de carrera, había otra cosa que también me molestaba: que cuando le presentaba a mi empleador nuevas ideas, éste me dijera: «Ay, Mary Kay, ahí vas otra vez, a pensar como mujer».

En ese entonces «pensar como mujer» significaba que algo andaba mal con tu modo de pensar. Es difícil creerlo ahora pero en un tiempo la mayoría de las mujeres aceptaban dicha noción. Debemos entender que la mujer ha sido ciudadana de segunda clase y se le ha convencido de dichas tonterías. La mujer sí piensa distinto del hombre pero dichas diferencias de ningún modo son inferiores o incompatibles con la forma en que piensa el hombre. La verdad es que pensar como mujer puede ser una tremenda ventaja.

La mujer posee una cualidad especial e intuitiva que no poseen muchos hombres. Permíteme darte un ejemplo. Hace poco, dos hombres de nuestro personal administrativo y yo caminábamos por el vestíbulo de un hotel. Íbamos camino a una reunión y porque el hotel estaba lleno de Consultoras Mary Kay, la gente nos detenía cada dos pasos. Pasamos junto a dos mujeres que hablaban calladamente y que no hicieron esfuerzo alguno por hablar con nosotros. Me detuve repentinamente.

Me acerqué a ellas y les pregunté: «¿Hay algún problema? ¿Les podemos ayudar en algo?»

Nuestro Seminario ha llamado tanto la atención que hemos visto la necesidad de usar tarjetas de identificación para la solapa y parecía que estas mujeres habían perdido las suyas. Estaban al borde de las lágrimas y sin saber qué hacer. Hicimos los arreglos necesarios para que se les hicieran otras tarjetas y nos fuimos a nuestra reunión.

Al alejarnos de ellas, uno de los hombres volteó hacia mí y me dijo: «Es asombroso... ¿Cómo supiste que esas mujeres necesitaban ayuda? No hicimos más que pasar junto a ellas».

Le contesté: «No sé, lo único que supe era que necesitaban ayuda».

Mis acompañantes masculinos no pudieron entender que con una sola mirada hacia esas mujeres pude detectar un problema. Sin embargo, creo que la mujer con frecuencia es más sensible a las señales más sutiles que la gente da y, por lo tanto, observa cosas que el hombre nunca ve.

Nuestras Consultoras también suelen ser muy intuitivas. Muchas veces entenderán lo que una persona en realidad quiere decir, así sea que diga todo lo contrario. Por ejemplo, supongamos que una mujer se hizo un facial, se pone maquillaje nuevo, se ve absolutamente fabulosa, muestra gran entusiasmo por los productos y luego dice: «Tal vez compre en otra ocasión». Con mucha frecuencia, la Consultora intuirá que la mujer no cuenta toda la historia. Tal vez la mujer hasta diga: «Pensándolo bien, no me gusta esto». Sin embargo, por la forma en que la mujer se ve en el espejo la Consultora sabe que *de veras* le gusta. Poniendo en práctica las destrezas de la observación y la intuición, una buena Consultora se da cuenta del motivo verdadero de la vacilación: la mujer cree que no puede comprar los cosméticos. En este momento la Consultora puede decir: «¿Te mencioné que puedes tener tu propia clase del cuidado de la piel y ganarte los productos que desees y que han despertado tu interés?»

Es más probable que la mujer inmediatamente aproveche la oportunidad de ganar lo que no pudo comprar y contagiar a otros con su entusiasmo.

Un ejemplo muy interesante de la intuición femenina ocurrió en los inicios de nuestro negocio en Exchange Park Mall. Ya te imaginarás cuán desesperadamente necesitábamos Consultoras. Tanto que apliqué la «regla del metro» a todo mundo. (A la que se acercara a un metro de mí, le preguntaba si quería ser Consultora.) El día de nuestra apertura, recluté a nueve personas.

Entre ellas estaba un hombre que parecía tener más entusiasmo y más ideas que todas las demás juntas. Parecía todo un triunfador. Sin embargo, el día de la apertura en el centro comercial le dije que lo lamentaba pero que no iba a funcionar. Claro que no era por ser hombre. En realidad no tenía ni una certeza que respaldara mis sentimientos. Sin embargo, mi intuición me decía que algo andaba mal.

Recuerda que era nuestro *primer* día de negocios y que estaban en juego los ahorros de toda mi vida. Si el negocio no funcionaba, perdería todo y tendría que volver a trabajarle a un patrón. Mi cabeza me decía: «¡Idiota! ¡Este hombre tiene mucho que aportar!»; empero mi corazón me decía: «Tienes razón, Mary Kay, algo no anda bien aquí».

El hombre estaba furioso conmigo y me dijo: «Ya te enseñaré. Comenzaré mi propio negocio de cosméticos y seré tu competidor». A esto, yo le respondí: «Pues buena suerte».

Seis meses después, abrí el periódico y en primera plana se había publicado un reportaje sobre él. Había sido acusado de un delito grave. De haber sido miembro de nuestra organización, ¡tal vez hubiésemos tenido un «Watergate» antes que nadie!

La intuición es sólo una de las cualidades especiales que Dios le dio a la mujer. Otra muy preciosa es su feminidad. De veras creo que Él nos hizo femeninas por un motivo y creo que siempre debemos esforzarnos por mantener nuestra feminidad. Definitivamente pienso que la mujer debe buscar cualquier carrera que desee pero no creo que deba abandonar totalmente verse y actuar como mujer. No hay motivo alguno por el que una mujer exitosa actúe como hombre. Por ejemplo, me desagrada ver que de la boca de una mujer cuelgue un cigarrillo. Tampoco creo que la mujer se deba rebajar a hablar con palabras groseras y altisonantes. He visto a mujeres que se ponen a hablar de este modo cuando están entre hombres y algunas de ellas son mejores que los mismos hombres. Sin embargo, yo creo que eso está mal. Recuerdo una junta en la que yo era la única mujer y alguien dijo: «Ahora que está aquí, Mary Kay, supongo que tendremos que hablar sin groserías».

Yo respondí: «Caballeros, es un gusto contarme entre ustedes. No pediré ni daré cartel; sin embargo, si buscan una excusa para hablar con corrección, adelante».

Cuando una mujer se comporta como una dama, establece el criterio y como resultado, los hombres se conducen como caballeros.

Si sé que seré la única mujer presente (y esto aún ocurre con frecuencia), pongo especial esmero en arreglarme atractivamente ese día. (¡No importa que ya sea bisabuela!) He visto que los hombres respetan a la mujer que conserva su feminidad y que responden más favorablemente si se presenta con una apariencia atractiva.

También he aprendido que cuando soy la única mujer presente, es mejor quedarme con la boca callada hasta estar segura de lo que estoy hablando. No uso esta técnica por temor; nunca he temido dar a conocer mis opiniones. Sin embargo, reconozco que los hombres presentes percibirán mis puntos de vista de modo distinto que los de otro hombre. Sé que cuando yo hable, escucharán y quiero dar en el mero blanco.

Hace poco hablé con una mujer que llevaba en el negocio muchos años e hizo una observación muy interesante. Ella cree que los hombres no esperan tanto de una mujer de carrera como de un hombre. Además, esto puede ser una ventaja en lugar de inconveniente. «Con frecuencia una vendedora con buena presentación —me dijo— puede entrar a ver a un ejecutivo, quien de otra forma se hubiera negado a recibir a un hombre. De hecho es capaz de acomodarle la silla». En otras palabras, a menudo el hombre le da una ayudita extra a la mujer. Una mujer inteligente sabrá aprovechar esta leve ventaja.

Cuando recalco que hay que vestir de modo atractivo y femenino, *no* quiero decir usar ropa sexy. Una mujer profesional debe vestir siempre como mujer de negocios. Por ejemplo, yo estoy en desacuerdo con que la mujer use pantalones en el trabajo. Por motivos de seguridad hemos hecho concesiones en nuestras áreas de manufactura y almacenes pero en todos los demás departamentos de Mary Kay Cosmetics, las empleadas no usan pantalones. Estamos en el negocio de ayudar a que la mujer luzca más femenina y bella, así que creemos firmemente que nuestras Consultoras de Belleza deben vestir como corresponde. Sugerimos que a las clases del cuidado de la piel siempre lleven vestidos o trajes sastre con falda y también recalcamos que lleven el cabello y las uñas bien cuidadas. Después de todo, ¿te puedes imaginar a una mujer con el pelo en rizadores y con *blue jeans* diciendo que es Consultora de Belleza y queriendo decirles a otras mujeres lo que pueden hacer para verse bien? ¡Sin duda esas mujeres pensarán qué puede decirles ella sobre cómo verse hermosa! Queremos que nuestras Consultoras sean el tipo de mujer que otras mujeres deseen emular. Vendemos la feminidad, así que nuestro modo de vestir tiene que ser *superfemenino*.

Creo que el vestir de modo atractivo es una ventaja para cualquier mujer, no importa cuál sea su profesión. De allí la lógica de aprovechar todo lo que podamos. Hace poco fui testigo de un muy buen ejemplo para ilustrar mi punto de vista. Se había comunicado conmigo una mujer (la llamaré la doctora Smith) que estaba en proceso de reunir material para un libro que trataría sobre las mujeres que se abrieron camino solas en Estados Unidos. Sus credenciales eran muy impresionantes: había tenido su propio negocio y tenía un doctorado. Mi hijo Richard pensó que el libro era una idea valiosa, así que él y yo aceptamos pasar una tarde con ella.

Para la entrevista yo quería parecer la presidenta de la junta directiva, así que el día de su llegada en avión desde otro estado, me puse un traje negro de seda y joyas de brillantes. La entrevista estaba programada para comenzar a las dos. Cinco minutos antes de las dos, salí de mi oficina y vi una mujer de lastimosa apariencia que se acercaba al escritorio de mi secretaria. Llevaba pantalones, una camisa de manga corta y zapatos de estilo deportivo. Tenía un corte de cabello masculino, no traía nada de maquillaje y de hecho parecía que había estado trabajando en el jardín. Sus uñas parecían que *eso* exactamente habían hecho antes de salir de casa. No podía ser una de nuestras mujeres, porque ese tipo de ropa y desarreglo son tabú en nuestra oficina.

Llamé a mi asistente Jennifer y le dije: «Por amor de Dios, saca a esa mujer de aquí antes de que llegue la doctora Smith».

Al volver Jennifer me dijo: «Mary Kay, *ella* es la doctora Smith». No podía creerlo.

Jennifer trajo a la mujer a mi oficina e inmediatamente comenzamos mal. Su primera pregunta fue sobre nuestra imagen corporativa. Por supuesto, tuve que repetir algo que ella ya sabía: recalcamos la feminidad y la buena presentación personal. Sin embargo, al verse su atuendo y sus manos descuidadas, era claro que teníamos opiniones diferentes.

Fue un alivio cuando llegó Richard. Pensé: «Qué bueno, el resto de esta tarde va a estar mejor».

Sin embargo, al abrir la puerta y verla dijo «con permiso» e hizo por salir de la oficina. Estaba seguro de que se había equivocado de hora. Esta *no podía* ser la mujer profesional que esperábamos.

—Un momento, Richard —le dije y él volvió.

—Richard, permite que te presente a la doctora Smith —proseguí. Su cara me dijo que estaba totalmente asombrado.

Richard no pasó más de cinco minutos con la mujer antes de despedirse cortésmente. Pudo haber aportado enormemente a su investigación pero fue tal su desilusión con la apariencia de la mujer que no quiso dedicarle ni un minuto de su tiempo. Creo que la reacción de Richard es muy buena lección. Le perdió respeto cuando vio lo descuidado de su atuendo. No importa lo que hagas ni qué tan poquito tiempo tengas, siempre debes hacer el esfuerzo por lucir tu mejor imagen. Después de todo, sólo se cuenta con una oportunidad para causar una buena primera impresión.

Creo que para la mujer es importante sacar el mayor provecho a todo lo que tenga a su favor. Una buena apariencia es algo que cualquier mujer puede lograr… si de veras lo desea.

Me encanta hablar con los grupos de mujeres y compartir mis convicciones sobre los desafíos especiales y las recompensas de ser una mujer de carrera. Con frecuencia expongo mi lista de las cosas que se deben evitar:

No gimotees, llores ni hagas pucheros para ganar un punto;

No seas impuntual;

No temas mantenerte firme; y,

No pierdas el control ni la cabeza.

No hay motivo alguno para que una mujer no triunfe en los negocios. Todo lo que necesita es:

Intuición;

Prever;

Conocimiento de los productos;

Conocimiento del mercado;

Valor;

Lápiz labial;

Buen juicio;

Un dejo de terquedad;

Una computadora.

Creo que Dios le dio a la mujer cualidades especiales pero, por ello, también pide más de nosotras. Todo lo que una mujer toca debe verse ennoblecido. Tenemos la obligación de inyectarle a los asuntos del mundo todas esas características que por tanto tiempo se han considerado femeninas. Éstas incluyen cosas como el honor, la integridad, el amor y la honradez. Creo que es erróneo que la mujer sienta que debe emular o copiar al hombre a fin de tener éxito.

Dios hizo el mundo y dijo: «Es bueno». Luego creó al hombre y dijo: «Está bien pero puedo mejorarlo». Luego hizo a la mujer.

Eres obra maestra de Dios... ¡Aprovecha eso al máximo!

13

Empieza tu carrera en grande

YO CREO QUE la *única diferencia* entre la gente exitosa y la que no lo es, es una determinación extraordinaria. Si ves que alguien disfruta una carrera que a ti te gustaría tener, pregúntate: «¿Qué tiene esa persona que yo no pueda arreglar?» En otras palabras: «¿Cómo puedo hacerlo yo también?» Creo que cualquier mujer puede impulsar una carrera exitosa si tiene la determinación y la disposición de trabajar para mejorarse a sí misma. Si no estás contenta contigo misma, vuelve al caballete de Dios. Él no te ha terminado.

No olvides que aunque yo era una joven cuando comencé mi carrera, ya me había *jubilado* antes de fundar Mary Kay Cosmetics. Así que si no estás satisfecha con tu *status quo*, nunca es demasiado tarde. Le tomó a Dios mucho tiempo prepararme para el papel que me tenía asignado.

Una carrera es mucho más que un trabajo. Implica un nivel de compromiso, responsabilidad e involucramiento que rebasa con mucho invertir tu tiempo y retirar un sueldo de un empleo. Al madurar más allá de la mera idea de un trabajo y considerar tu trabajo como una carrera, hay muchos puntos a tener en cuenta. Uno de ellos es el camino que habrás de recorrer para alcanzar tus metas a largo plazo. Tal vez quieras arriesgar una inversión de dinero y tiempo en una empresa de negocios independiente. Tal vez desees la seguridad de un puesto con sueldo en aumento. En cualquier caso, es esencial que sepas cómo presentarte a ti misma y tus capacidades.

Recuerda que ya sea que te presentes ante un posible empleador o que busques el respaldo financiero para tu negocio propio, *tu trabajo es promoverte a ti misma*. Hay mil personas que compiten en cualquier profesión pero puedes tener una ventaja si analizas lo que tú ofreces. Mucha gente se aproxima a una carrera nueva pensando en lo que esa carrera puede significar para ella en lugar de preguntarse: «¿Qué puedo hacer para que yo y mis servicios se puedan considerar valiosos? ¿Qué necesidades no satisfechas puedo cubrir?» A veces en esta actitud es que estriba la diferencia entre el éxito y el fracaso.

Tu primera tarea es evaluar con franqueza las destrezas que ya posees, hacer un inventario de *ti misma*. ¿Cuáles son tus bienes? ¿Qué haces bien? ¿Qué quieres hacer de veras, no sólo por el momento sino para toda una carrera? ¿Qué tipo de carrera hará que surja tu entusiasmo natural? Apunta tus evaluaciones porque hasta que no lo hagas, puedes estar confusa respecto a todo lo que de veras puedes hacer. Escritas, tus destrezas se vuelven claras. No olvides las cualidades abstractas. Por ejemplo, puedes enumerar características como: «Soy atractiva. Me gusta trabajar con la gente. Soy sociable. Tengo un alto nivel de energía. Tengo determinación». Una vez completada la tarea, estoy segura que descubrirás que eres una persona *muy* especial.

Tu lista también identificará áreas en las que desees mejorar. Éstas pueden incluir enriquecer tu educación, organizar tus responsabilidades familiares o desarrollar alguna otra destreza personal.

Recuerda que la carrera verdaderamente exitosa se erige sobre tres requisitos. Primero, debes tener el deseo de triunfar o, como yo lo llamo, el espíritu de «querer». Segundo, debes poseer el conocimiento. El conocimiento es poder, fomenta el entusiasmo y éste, el éxito. Sin embargo, ni el deseo ni el conocimiento bastan; el tercer requisito es que también te apliques a la tarea. Puedes desear triunfar de todo corazón. Puedes aprender todo lo que hay que saber de tu carrera. Sin embargo, a menos que apliques esas destrezas, en otras palabras, a menos que trabajes con ahínco, desperdiciarás todos tus empeños.

Tal vez apliques todos tus esfuerzos al desarrollo de tu negocio propio. Tal vez decidas convertirte en empresaria. Todos los empresarios que he conocido son optimistas incurables. Mi definición preferida del optimista es que es una persona que cuando se le da un establo lleno de estiércol, lo recorre gritando: «¡Yo sé que por aquí debe haber un poni!»

Los analistas financieros nos dicen que para fines de este siglo, el área de mayor crecimiento económico será la creación de las pequeñas empresas como las que establecen las Consultoras Mary Kay.

Una razón principal de este crecimiento es la tendencia mundial hacia los sistemas de administración simplificados. Son más y más las compañías que consolidan empleos reduciendo el número de puestos en la administración intermedia. Más que otra cosa, la explosión del conocimiento ha contribuido a este cambio. El jefe de un departamento en una corporación grande ahora puede conectar su computadora y obtener la información que antes se necesitaba obtener por medio de una docena de empleados. Esto pone en aprietos a una enorme reserva de talentosos y experimentados individuos. ¿Qué puede hacer un gerente de este tipo que se ve reemplazado? Con frecuencia la respuesta es comenzar su propia empresa pequeña.

Una empresa pequeña también puede ser la solución para la gente que actualmente trabaja en un campo económicamente deprimido, para la gente que cambia de carrera o para la gente que desea trabajar con amistades o parientes. El enfoque de un negocio de esta naturaleza podría ser desde una pequeña planta manufacturera (como la industria casera) a un proveedor de servicios profesionales (como un médico o abogado). No todos los empresarios hacen planes de crecer hasta ser conglomerados internacionales; algunos sencillamente son personas independientes que desean mantener a su familia mientras practican un arte o un oficio.

Si bien las distinciones son muchas, existen algunas similitudes. Lamentablemente, la más grande es que la mayoría de los negocios nuevos fracasan. Los motivos del fracaso son tan variados como la gente partícipe pero un problema común es el capital insuficiente. Creo que es importante mencionar que si bien comencé Mary Kay

Cosmetics con un capital de cinco mil dólares, se requeriría mucho más en la actualidad.

Aun así, se necesita más que el dinero para triunfar. El producto y el conocimiento del mercado son esenciales porque debes contar con un mejor elemento de atracción si es que el mundo habrá de hacer camino hasta tu puerta. Debes determinar qué productos y servicios no se aplican expertamente al mercado en la actualidad.

Tu capacidad de evaluar el mercado y tu lugar en él pueden verse obstaculizados por tus emociones. De hecho, para mucha gente el único motivo para comenzar un negocio es, precisamente, de carácter *emocional*. Sin embargo, sencillamente no basta *querer* un negocio. A una mujer le puede encantar decorar su casa, así que piensa que desea abrir una tienda de diseño de interiores. Sin embargo, debe tomar en cuenta si la comunidad ya cuenta con suficientes decoradores expertos y bien establecidos.

Antes de comenzar un negocio nuevo, debes analizar cuidadosamente tus propios puntos fuertes y tus puntos débiles. Por ejemplo, ¿cuál es tu nivel de capacitación o de educación en los negocios? Muchas mujeres quieren ingresar a profesiones de *glamour*, como las modas, así sea que tengan poca o nula experiencia en este campo. Tal vez puedas considerar tomar un empleo a tiempo parcial o temporal en el campo que hayas elegido. De este modo puedes saber qué tipo de destrezas necesitarás para tu nueva carrera.

La mujer tiene muchos talentos que tal vez nunca consideró que pudieran verse como oportunidades de negocios. Si deseas comenzar tu negocio propio, comienza preguntándote qué es lo que haces de veras bien. ¿Qué es lo que hace que la gente te diga «si decides empezar un negocio, debieras hacer...»? Algunos de los negocios más exitosos fueron iniciados por mujeres que trabajaban en su casa haciendo uso de sus talentos especiales. Yo sé de una mujer que tenía una receta de familia, de su bisabuela, para un pastel de frutas. Inició su empresa vendiendo unos cuantos pasteles durante la época de Navidad y ahora ha crecido hasta el grado de que es una enorme industria que vende miles de pasteles de frutas y emplea a cientos de trabajadores. Tal vez conoces la compañía de la que hablo: Mary of

Puddin' Hill. Como ocurre con muchas exitosas industrias caseras, ésta todavía mantiene las cualidades (como mezclar ingredientes a mano) que le garantizaron su éxito original.

He visto numerosos ejemplos: Una mujer que impulsó una compañía grande de cortinas y tapizado de muebles gracias a su trabajo como costurera del vecindario y una que abrió una exitosa tienda de ropa para bebés después de hacer la de sus nietos. También sé de otra mujer que comenzó a diseñar su ropa de maternidad después de quedar encinta y no poder encontrar ropa apropiada para ella.

Si decides convertirte en empresaria, también debes estar dispuesta a trabajar más arduamente que en ningún empleo regular. Una mujer que empieza su negocio propio o que se convierte en vendedora independiente, es su propia jefa. Si vas a triunfar, tienes que trabajar para el jefe más exigente: tú misma. Suelo decirles a nuestras Consultoras: «Deben disciplinarse para trabajar como si tuvieran a su jefe junto a ustedes». Esto significa que deben fijar un horario para cada día. Pregúntense: «¿Cuántas horas puedo invertir en mi trabajo?» Una vez que tomaron la decisión, deben cumplir con ese horario, sin importar nada más. A principios de mi carrera, decidí que comenzaría a dedicarme a mi negocio a partir de las ocho y media de la mañana. Luego me pasaba el día como si supervisara a alguien más. Por ejemplo, al calcular el valor de mi tiempo —según mis comisiones—, me di cuenta que no podía tomar descansos para café seis veces al día. También tú necesitarás ser una jefa estricta si deseas evitar el fracaso.

¡Pero basta de hablar de fracasos! Lo que tú quieres es saber del éxito. Si bien un negocio nuevo puede fracasar por muchos motivos, el éxito por lo usual está vinculado con un factor vital: la habilidad de satisfacer necesidades no cubiertas. Cuando comenzamos Mary Kay Cosmetics, ninguna otra compañía le *enseñaba* a la mujer a cuidar su piel. Las demás empresas de cosméticos se limitaban a vender rubor, lápiz labial o nuevos tonos de sombra. Así que ingresamos al mercado para satisfacer una necesidad real. Sabíamos que podíamos ayudar a que la mujer comprendiera por qué debía cuidar su piel y cómo esto se podía lograr fácilmente.

Una mujer que identificó una necesidad y la satisfizo fue Betty Graham. Betty era una secretaria que sabía que debía haber una mejor manera de corregir errores de mecanografía. Experimentó en su cocina hasta que obtuvo la fórmula para Liquid Paper. ¡Antes de morirse, su compañía se vendió por más de cuarenta millones dólares!

Una de mis historias favoritas del éxito es la de la finada Mary Crowley, mi amiga de toda la vida y propietaria de Home Interiors & Gifts. Mary y yo influimos profundamente en nuestras carreras mutuas. Disfruto particularmente de contar cómo Mary fundó una de las organizaciones de ventas directas más exitosas del país.

Conocí a Mary a principios de la década de 1940, cuando yo estaba con Stanley Home Products. Era una noche de frío extremoso, las calles estaban cubiertas de hielo y las estaciones de radio advertían a la gente que no salieran de sus casas. Sin embargo, yo tenía programada una fiesta Stanley. Como era muy responsable, si tenía programada una fiesta, iría con o sin hielo.

Mary Crowley también era muy responsable; fue la única persona que hizo acto de presencia. Como maestra de religión de los niños de la anfitriona, sintió la obligación de cumplir con su compromiso y nada, ni el inclemente frío, podía detener a Mary. Rápidamente me di cuenta que no tenía caso que hiciera mi demostración de ventas para ella y la anfitriona, así que decidí disfrutar del pastel, el café y la buena compañía. Ambas mujeres eran encantadoras. Mary era de una personalidad particularmente dinámica y carismática.

Al hablar con ella, descubrí que trabajaba como asistente del presidente de la Purse Manufacturing Company. Esto era antes de que se construyeran autopistas en Dallas, e ir al centro todos los días era un problema verdadero. Le dije a Mary que yo podía arreglar mi horario de tal manera que podía evitar el tráfico de la hora pico, lo cual pareció impresionarla. Como yo, Mary tenía hijos pequeños y también le interesó el hecho de que yo podía estar en casa para las cuatro de la tarde.

Después de que nos conocimos un poco, le pregunté cuánto ganaba como asistente del presidente. Me vio con cara de que no era asunto mío (y no lo era) pero contestó: «Gano 66 dólares a la semana». En esos días, era mucho dinero.

Yo le dije: «Yo también, cuando me va mal en la semana». Eso sí que la impresionó. Sin embargo, cuando le ofrecí un trabajo como vendedora de Stanley, lo rechazó.

Le dije: «Serías fabulosa en las ventas y creo que malgastas tu tiempo en un escritorio. Si cambias de parecer, llámame».

Por más de un mes no supe de ella y luego un día me telefoneó para decirme que su marido había sido llamado como reservista de la Guardia Nacional. «Voy a estar sola en casa por tres meses —me dijo—. ¿Crees que podría vender Stanley de tiempo parcial?»

En general yo tenía poco interés en la gente que quería trabajar de tiempo parcial pero me acordé de la maravillosa personalidad de Mary. Acepté. La primera fiesta que observó fue un desastre. Sólo vendí cuatro dólares. Sin embargo, esto no la desmoralizó; en poco tiempo se convirtió en vendedora de Stanley. ¡Y fue estupenda!

Después de unos meses, me llamó y me dijo que estaría en la junta de ventas matutina del lunes. Había renunciado a su empleo y se iba a dedicar a vender los productos Stanley a tiempo completo. Eso fue el comienzo de algo maravilloso para mí porque con su ayuda, mi unidad se elevó por las nubes.

Después cuando me mudé a St. Louis, Mary había hecho tan excelente trabajo que Stanley le permitió hacerse cargo de mi unidad en Dallas. Siguió ganando tremendas comisiones hasta que aceptó la posición de gerente de ventas para una incipiente compañía llamada World Gift.

Un año después, cuando volvimos a Texas, pasé a visitar a Mary. Me llevó a una demostración de World Gift y ahora *ella* me reclutó a *mí*. Sólo necesité un equipo de demostración de World Gift y en un año mi unidad se podía adjudicar buena parte de las ventas totales de la compañía.

Mientras tanto, Mary se fue para abrir Home Interiors & Gifts, su propia historia de éxito multimillonario.

Mary siguió influyendo en mi vida por muchos años pero tal vez el suceso más significativo fue que me presentó a Mel Ash. Mel se dedicaba al negocio de regalos al mayoreo y visitaba la oficina de Mary. Al invitar a cenar a Mary y su esposo Dave, Mel le preguntó a Mary: «¿Conoces a otra mujer como tú?»

Mary contestó: «Fíjate que sí». Luego me llamó por teléfono. Yo estaba un poco reacia pero acepté cenar con ellos a la noche siguiente. Unos cuantos minutos antes de nuestra cena, Mary me llamó para decirme que «algo inesperado» había ocurrido y que ella y Dave no podrían ir. Sospeché que estaba jugando a la Celestina pero acepté ir. Jamás me arrepentí de hacerlo.

¿No es maravilloso que de vez en cuando alguien se cruce en nuestro camino y resulte tener una influencia decisiva en nuestra vida? Y pensar que si Mary y yo no nos hubiéramos aventurado a salir en una noche de intenso frío, tal vez nunca nos hubiéramos conocido.

Creo que Mary es un ejemplo maravilloso de una mujer que usa sus talentos para triunfar en lo que sea que decida hacer. Primero fue excelente asistente del presidente de su compañía, luego una vendedora sobresaliente y después una estupenda gerente de ventas. Luego, cuando desarrolló las destrezas necesarias y reconoció una necesidad no satisfecha, Mary comenzó una empresa pequeña que creció hasta convertirse en una compañía grande y exitosa.

Cuando comiences tu carrera nueva, recuerda que lo que te imagines *vívidamente*, desees *ardientemente*, aquello en lo que creas *sinceramente* y aquello sobre lo que actúes *entusiastamente* tendrá, *inevitablemente*, que ocurrir.

14

Verse bien y sentirse fabulosa

A VECES UNA MUJER llega a una clase del cuidado de la piel de Mary Kay, se queda sentada todo el rato, literalmente con los brazos cruzados, y dice: «Estoy muy vieja. Estoy muy fea. No hay remedio. Soy un caso perdido». Tratamos suavemente de persuadirla con comentarios como: «Su rostro se sentirá terso. Por favor, pruebe. Yo sé que lo va a disfrutar».

Si la Consultora tiene tacto, la mujer por lo general consentirá a hacerse el facial. Una vez que su cutis se ve y se siente mejor, aceptará probar la base *Day Radiance* y luego un poco de maquillaje. Una hora después, será difícil que la Consultora le quite el espejo a la mujer porque de repente se siente bonita. Es obvio que le gusta esa sensación. Cuando una mujer siente que se ve bien, sencillamente irradia seguridad y confianza en sí misma. Se va a casa con la cabeza en alto y hasta parece caminar con más orgullo. Creo que la experiencia es similar al júbilo que sentimos con cualquier gran triunfo o logro personal.

Con frecuencia el cambio físico es como un milagro que observamos cuando la mujer se sienta frente al espejo, toma una de nuestras paletas de maquillaje y se transforma de patito feo en bello cisne. La oportunidad de presenciar dicha transformación física y emocional es lo que hace que nuestro negocio sea tan gratificante.

No es raro que cuando los economistas enumeran industrias a prueba de depresión económica, los cosméticos figuren arriba con la cerveza y los cigarrillos. Durante la Gran Depresión, por ejemplo, era obvio que la cerveza fuera una manera económica de encontrar consuelo. Asimismo, antes de saber del riesgo de salud, la gente fumaba para aliviar la tensión. Cuando los tiempos se dificultan, la mujer tal vez no se pueda comprar un vestido nuevo pero aún se puede levantar el ánimo con un nuevo color para los labios. De hecho, comprar nuevos cosméticos puede hacer tanto por su moral como salir a comer a un restaurante elegante.

Desde hace mucho que sé que en los casos más extremos, los cosméticos pueden ser de gran beneficio para la moral de la mujer. Considera el caso de una mujer que ha estado gravemente enferma. Uno de los principales indicadores de que está en vías de recuperación es cuando el personal médico llega un día y descubre que se ha arreglado un poco el cabello, se ha puesto un poco de color en los labios y maquillaje. Personalmente observé este fenómeno cada vez que visitaba a mi madre en el asilo de ancianos en Houston. Una de sus preguntas constantes era: «Cariño, ¿trajiste tu equipo de belleza?» Por supuesto, siempre lo llevaba. Luego me preguntaba: «¿Me arreglas la cara?»

Cada vez que maquillaba a mi mamá, todos le decían lo bonita que se veía. Aun en sus ochenta, ¡ella lo disfrutaba! Después de arreglarle la cara, la peinaba; se ponía un vestido bonito y salía a visitar a sus amistades. Es difícil explicar la forma en que estos pasos sencillos mejoraban su perspectiva de la vida. Era tan positiva la reacción que mamá obtenía, que un día su compañera de habitación me preguntó si también a ella le hacía un facial. Por supuesto, se lo hice y recibió los mismos cumplidos.

—Mmmh —pensé—, ¿no sería maravilloso si un día a la semana una Consultora de Houston pudiera ir al asilo de ancianos para dar faciales? Sería estrictamente un acto de buena voluntad y como beneficio adicional, mamá podría recibir la visita de seis de sus amigas. Sería algo que estas mujeres podrían esperar gustosas cada semana.

Presenté mi idea en una reunión de las Consultoras y Directoras de Ventas de Houston. Señalé que como había cincuenta y cinco Consultoras presentes, cada una podría ofrecerse por una sola semana y tendríamos un programa que duraría más de un año. Todas acordaron que era una excelente idea y que les encantaría ayudar a estas mujeres mayores a sentirse mejor consigo mismas. Las Consultoras sabían que no ganarían dinero de estas clases pero era una obra de buena voluntad. Como mi hija Marylyn era Directora de Ventas en Houston, le pedí que programara la primera clase del cuidado de la piel para su abuela. Cuando le conté a mamá nuestro plan, se entusiasmó mucho. Le dio oportunidad de darle algo a los demás e inmediatamente invitó a seis mujeres para el siguiente martes.

Marylyn llegó a la hora citada y les dio faciales a mi mamá y a sus amigas. ¡Quedaron totalmente fascinadas! ¡Lo que ninguna de nosotras había anticipado fue que las mujeres pidieran 156 dólares en mercancías! Después de eso, las Consultoras Mary Kay programaron clases del cuidado de la piel regularmente en el asilo de ancianos. Poco después casi todas las mujeres de allí usaban cosméticos Mary Kay, viéndose mejor y *sintiéndose* mejor.

Unos cuantos años después nuestra compañía pudo participar en un experimento científico en Golden Acres Nursing Home en Dallas que demostró que verse bien hace que la gente se sienta mejor. Mi médico, el doctor Herman Kantor, llamó una noche y preguntó si él y su esposa podían pasar por mi casa. Cuando llegaron, me explicó que estaba en el consejo de directores de Golden Acres Nursing Home y querían conducir un experimento para determinar si al mejorar la apariencia de la mujer se pudiera mejorar también su actitud mental y en qué medida. El doctor Kantor explicó: «Decidimos que por la manera en que las Consultoras Mary Kay presentan la clase del cuidado de la piel y mejoran la imagen que la mujer tiene de sí misma, no hay mejor compañía en el mundo para participar en esta investigación». Luego dijo que todo el programa sería observado y evaluado por un equipo de médicos, entre ellos un psiquiatra y un psicólogo.

En ese momento había alrededor de 350 residentes en el asilo de ancianos y los investigadores creían que necesitaban por lo menos sesenta voluntarias a fin de tener un estudio científico adecuado. Al principio era difícil interesar a tantas mujeres. Decían: «Llegan veinte años tarde». También encontramos que algunas personas preferían quedarse sentadas e inmóviles enfrente del televisor o dormir. Muchas de estas mujeres tenían muy poca energía para la vida y a todos nos pareció muy deprimente.

Por fin persuadimos a sesenta mujeres; capacitamos a las voluntarias que todos los días llegarían a las siete de la mañana para ayudarlas con la rutina de la limpieza y la aplicación del maquillaje. Así tuvo sus inicios el programa.

Dos meses después pasé por el asilo de ancianos para ver cómo avanzaban las cosas. ¡Quedé totalmente asombrada! Encontré a mujeres con su maquillaje puesto, vestidas con su mejor atuendo y con joyas como si fueran a la iglesia esa mañana. ¡No podía creer el cambio!

Al principio los hombres no se incluyeron en el estudio porque nadie consideró que un caballero de setenta u ochenta años pudiera interesarse en semejante cosa. Sin embargo, al hablar con los residentes, por lo menos media docena de hombres se me acercaron «exigiendo un trato igualitario». ¡También ellos querían ser partícipes del programa!

Al final de los seis meses, el programa fue un éxito documentado. Había ocurrido un cambio tremendo. Las mujeres se levantaban temprano y preguntaban por su voluntaria del cuidado de la piel. Al final del programa, los residentes me invitaron a un banquete en mi honor con el propósito de expresarme su gratitud. Sin embargo, lo que de veras me conmovió fue ver al auditorio y constatar una transformación notable. Todo mundo andaba bien vestido, con expresión alerta y mirada viva. Ése era todo el agradecimiento que yo necesitaba.

La esposa del doctor Kantor encabezó el proyecto de investigación y después del banquete me dijo: «Mary Kay, hay alguien que no nos pudo acompañar hoy pero creo que le daría gusto verla. ¿Puede venir conmigo?»

Me llevó a otro piso, a un pabellón que yo había visto cuando por primera vez recorrí el asilo de ancianos hacía seis meses. Éste era el sitio donde hospedaban a los individuos con graves problemas mentales. Recordaba vívidamente una mujer en particular que había perdido completamente su capacidad de raciocinio. Era como una niña y tan menuda que se sentaba en una silla alta para niños. Allí se pasaba todo el día, sujetada, para evitar que se cayera y lastimara. Por tres años se la había pasado con la cabeza agachada, día con día, sentada en esa silla. En todo ese tiempo nunca mostró una señal de tener conciencia del mundo que la rodeaba. Nunca había dicho ni una palabra ni reconocido a nadie. Sin embargo, supe que los médicos habían decidido incluirla en el experimento. Al subir las escaleras, la señora Kantor explicó que cada mañana la voluntaria venía y sosteniéndole la cabeza a la mujer le hacía el facial o le aplicaba el maquillaje. Durante esta experiencia, la voluntaria le hablaba dulcemente; luego, al terminar le volvía a poner la cabeza en la bandeja de la silla. Allí se quedaba hasta que las enfermeras la alimentaban, la bañaban o la acostaban.

Al acercarnos a la mujer en su silla alta, la señora Kantor dijo: «Ésta es Mary Kay, la señora que le ha dado sus cosméticos».

Con eso, la mujer levantó la cabeza y vio hacia arriba. Una leve sonrisa le cruzó la cara, ¡la primera reacción que había mostrado en tres años! Para mí, ese pequeño asomo de sonrisa hizo que todo el programa valiera la pena.

Lo que sucedió en ese asilo de ancianos fue muy dramático pero todos los días veo que los cosméticos pueden transformar completamente a una mujer y los sentimientos que ésta tiene sobre sí misma. Nunca olvidaré un incidente que ocurrió durante los primeros años de nuestra compañía. Nos habíamos anunciado con el propósito de reclutar Consultoras en Sherman, Texas, y para presentar nuestros nuevos productos. Dábamos un facial de cortesía a cualquier mujer que viniera a conocernos. La respuesta fue pobre; luego a las cuatro de la tarde las estaciones de radio anunciaron que venía en camino una fuerte tormenta de nieve.

—Empaquemos y vayámonos —dije— o vamos a terminar bloqueadas por la nieve.

Mientras empacábamos rápidamente, sonó el teléfono. Era una mujer que se escuchaba mejor que cualquiera otra que había escuchado ese día. Dijo que vivía a unas cuantas cuadras, así que le dije que viniera lo antes posible.

La Directora de Ventas que andaba conmigo quería volver a

Dallas antes de que las calles se pusieran más peligrosas, así que no estuvo muy contenta con el nuevo imprevisto. Sin embargo, insistí que la mujer se oía como buen contacto. Luego añadí: «No me gustaría irme sin haber encontrado a alguien aquí».

Mientras sacábamos todo otra vez, tocaron a la puerta. La abrí y ante mí estaba la mujer más grande que había visto en mi vida. Medía por lo menos 1.80 metros de estatura; llevaba puestos pantalones negros ajustados y un suéter de cuello de tortuga negro. (Y créeme, ¡su trasero no justificaba los pantalones!) Además, llevaba el pelo cubierto por una redecilla negra (una de esas anticuadas redecillas tejidas para el cabello que las mujeres usaban a veces para cubrir el cabello desordenado). No traía ni una pizca de maquillaje.

Vi las cejas levantadas de mi Directora de Ventas; me podía imaginar lo que pensaba: «Así que lo mejor del día, ¿eh?» No había la menor duda de que esta mujer no se parecía en nada a lo que yo me había imaginado.

Sin embargo, le habíamos prometido un facial. Así que mientras fui al vestíbulo para registrar nuestra salida del hotel, la Directora de Ventas comenzó a darle a esta mujer el facial *más rápido* de la historia, maquillaje incluido. En ese tiempo todavía vendíamos pelucas, así que como toque final, la Directora le puso una linda peluca rubia de larga cabellera. La peluca se había visto preciosa en el maniquí pero era por lo menos cinco centímetros más grande para prácticamente cualquier mujer. Sin embargo, en ella lucía perfecta.

Cuando volví, la mujer frente al espejo tenía lágrimas en los ojos. ¡Nunca en tu vida hubieras visto una transformación de este tipo! ¡Realmente se veía bella! Finalmente la mujer habló: «Es la primera vez en mi vida que me veo bonita».

Yo sabía que no tenía dinero porque cuando hablamos por teléfono, me dijo que su esposo tenía tiempo sin trabajar. También me contó lo mucho que lo quería, así como a sus dos hijos, y lo mucho que deseaba ayudarlo. Se quitó su anillo de matrimonio, su posesión más valiosa, me vio y me dijo: «Mary Kay, ¿me permite ir a casa y dejar que mi marido me vea así aunque sea una sola vez? Le dejo mi anillo en garantía». Por supuesto, ya te imaginarás, la dejé llevarse la peluca a casa.

Nos fuimos a Dallas en plena tormenta de nieve pero al recordar la sensación que me dio cuando vi su gusto hizo que todo valiera la pena. Cuando llegamos a la oficina, ¡Richard me dijo que era la última vez que podía aceptar gallinas, cerdos o anillos a cambio de la mercancía! Sin embargo, la lección era clara: un cambio tremendo ocurre cuando una mujer se ve bien y lo sabe. Cuando *no* se ve bien, no se *siente bien* consigo misma. Supón que una mujer está en los preparativos para hacer un pastel y descubre que le falta la canela. Anda en pantalones de mezclilla, el cabello en rollos, sin maquillaje y sabe que se ve mal. Sin embargo, necesita la canela, así que decide ir rápidamente al supermercado más cercano. Invariablemente se encuentra con alguien que no quería y es muy difícil esconderse detrás de las latas de tomate.

Ahora imaginemos que esa misma mujer vuelve a casa de una boda, consciente de que no podría verse mejor. Se encuentra con una persona conocida y su actitud es totalmente distinta. Irradia seguridad en sí misma. No hay duda de que una mujer que se ve más bonita por fuera se sentirá más segura de sí misma.

Hace algunos años, en una clase de capacitación en Houston estaba una Consultora que nunca había tenido una clase del cuidado de la piel de cien dólares. Llevaba con la compañía alrededor de tres meses y había asistido a una y otra clase de capacitación. Sin embargo, parecía que de un modo u otro el éxito la evitaba.

Al dirigirme a esta clase, dije: «Deben sentirse seguras de ustedes mismas. Antes de su clase del cuidado de la piel, arréglense el cabello y las uñas. Si no tienen un vestido que las haga sentir estupendas, cómprense uno. (No tenía idea del efecto que este comentario tendría en ella.) Si sólo tienen un vestido en su armario que las hace sentir fabulosas, uno con el que reciben cumplidos, usen ese vestido en todas sus clases hasta que se puedan comprar otro».

Esta mujer y su esposo pasaban por momentos económicos difíciles y ella llevaba tres años sin comprarse ropa nueva. Esa noche salió de la clase de capacitación y fue directamente a comprarse un vestido nuevo. Esa noche tuvo su primera clase de cien dólares.

¡Estaba emocionada! Decidió que si un vestido nuevo era la

respuesta, debería comprarse otro antes de la segunda clase. Eso hizo. En la noche de su segunda clase volvió a vender cien dólares de mercancías. Repitió el procedimiento y se compró un tercer vestido. En total, había comprado tres vestidos nuevos y había tenido tres clases de cien dólares. El siguiente lunes llegó desbordante a la reunión de ventas y dijo: «¡He descubierto el secreto! ¡Todo lo que tienen que hacer es comprarse un vestido nuevo!»

Por supuesto, ése no era el secreto. El secreto era que por fin se sentía segura de sí misma y de su apariencia, y en consecuencia, proyectaba mayor entusiasmo y convicción en su presentación. Por lo mismo, muchas de nuestras Consultoras tienen lo que llaman su traje «de la suerte», un traje que siempre parece presagiarles una clase exitosa. En realidad se trata de un estado mental. Sin embargo, con frecuencia escucharán: «Cada vez que me pongo mi traje rojo, tengo una clase de doscientos dólares».

Suele suceder que una mujer que llega a nuestra organización no sabe cómo vestirse ni presentarse. Invariablemente se esforzará por ser como las mujeres a su alrededor. Poco después experimenta un cambio más sustancial cuando florece como exitosa y segura profesional de las ventas. A todos nosotros nos interesa ser parte del grupo de nuestros compañeros, así que también vemos que si una mujer nueva no valora la buena presentación personal, por lo general, «se adapta o se va». Me hace pensar en los niños escolares. Si todo mundo lleva *blue jeans*, la pequeña que se ve obligada a llevar vestido se sentirá incómoda y apartada de su grupo.

He mencionado lo importante que es que la mujer se vea bien; sin embargo, creo que un hombre se preocupa igual por su apariencia. Estoy convencida que algún día volveremos a ver que los hombres usan maquillaje. Dale una ojeada a la peluquería y cuenta el número de hombres debajo de las secadoras. Lamentablemente, verás con frecuencia un hombre con ropa atractiva, buenos zapatos, portafolios caro, cabello bien cuidado y uñas con manicura pero ¡una piel que necesita atención inmediata! Si le das un vistazo a la historia, verás que hubo muchas ocasiones en que los hombres usaban maquillaje y pelucas. Una mujer mantiene su cutis saludable y limpio; usa

Mary Kay y las Directoras Nacionales de Ventas en la isla de Bermuda, verano de 1993

*En el Seminario 1992
Mary Kay presenta una
placa conmemorativa
a la Consultora que
compró el millonésimo
ejemplar de su*
Autobiografía

*Recibiendo de manos del doctor Norman Vincent Peale el Premio
Horatio Alger, 1978*

En ese impactante acontecimiento anual conocido como el Seminario, las mujeres Mary Kay son objeto de ovaciones y encomiadas como estrellas de cine y como realeza. Desfilan por un escenario de honor que la mayoría nunca soñó sería de ellas, recogiendo las cosechas de su diligente labor

Mary Kay junto a un Cadillac rosado

Con su hijo Richard Rogers, Noche de Premios

maquillaje para acentuar o disminuir ciertas facciones. ¿Por qué no debería hacer lo mismo el hombre?

Tal vez lo único que actualmente impida que el hombre use maquillaje es el hecho de que en el pasado reciente, dicha práctica era considerada poco viril. Sin embargo, no hace mucho que un hombre verdadero no hubiera soñado usar desodorante. Ciertamente, las modas y las opiniones cambian.

Aun así, mucha gente se sorprende que tengamos una exitosa línea de productos para el hombre. Poco después de haber iniciado nuestra compañía, observamos que muchas mujeres volvían a pedir sus juegos de productos para el cuidado básico de la piel mucho antes de lo normal. Nos preocupaba que tal vez estas clientas estuvieran usando los productos de forma inapropiada. Por este motivo las llamamos para decirles: «Veamos cómo usas tu mascarilla o la crema de noche. No es momento de que se te acabe tu juego básico, así que tal vez estés usando de más».

Después de unos minutos de charlar, la mujer solía admitir que los productos se acababan tan pronto porque su marido o su novio también los usaba. Explicaba que él había visto lo bien que lucía su cutis, así que tras puertas cerradas, se daba un facial. Después de varios incidentes, decidimos presentar nuestra línea Mr. K. Pensé que muchos hombres se sentirían ridículos usando un producto con un frasco rosa y rotulado «Mary Kay», así que diseñamos un paquete varonil y cambiamos los nombres para que fueran más masculinos. Por ejemplo, *Night Cream* se convirtió en *Moisture Balm* y *Cleansing Cream*, en *Cleanser*. Los recipientes marrón y plata de Mr. K se empacaron en una atractiva bolsa que podía fácilmente llevarse en los viajes. Nuestra línea actual, *Skin Management* para hombres está especialmente formulada para la piel del hombre y toma en consideración sus necesidades específicas del cuidado de la piel. Hoy, la línea *Skin Management* controla alrededor del 20 por ciento del mercado del cuidado de la piel para caballeros. La mayoría de estos productos los compran las mujeres para sus esposos, hijos y novios. Así que cuando el hombre esté más abierto a su necesidad de cuidarse la piel, ¡nosotros estaremos listos!

Verse bien hace que uno se sienta mejor. Creo que en Mary Kay Cosmetics estamos en el negocio de ayudar a que la mujer (y el hombre) transforme esa sensación de bienestar en imágenes más positivas de sí misma. Esto, a su vez, permitirá que haga frente a los desafíos de la vida con más seguridad y determinación. Con frecuencia he dicho: «No estamos únicamente en el negocio de los cosméticos, también estamos en el negocio de ayudar a la gente».

15

La felicidad es...

EN 1968, CUANDO NUESTRA COMPAÑÍA se convirtió en empresa de sociedad anónima, me hice millonaria. ¡Esa niña pobre de barrio humilde de Houston finalmente lo había logrado! Sin embargo, no pensé: «¡Guau! Soy millonaria, *¡ahora sí soy feliz!*»

Como dice la canción: «La felicidad es una cosa distinta para cada persona». Supongo que cada quien tiene su propia definición de la felicidad; sin embargo, me gustaría compartir contigo mi fórmula. Para mí, la felicidad es, primero, tener un trabajo que te apasione, algo que te guste tanto que lo harías aunque no te pagaran. Segundo, la felicidad es tener a quien amar. Tercero, la felicidad es tener una esperanza.

Contrario a lo que piense mucha gente, el dinero no es garantía de felicidad. Con frecuencia la gente que se preocupa por problemas económicos piensa que el dinero lo resolverá todo. Es cierto que es difícil ser feliz si no se cuenta con el dinero suficiente para mantener a la familia confortablemente. Sin embargo, el dinero es importante únicamente hasta que se tiene suficiente; con esto quiero decir hasta que hayas ganado suficiente para poner en la mesa comida buena, tener ropa adecuada, una casa agradable y algunos de esos lujos (como el televisor y los autos) que todos hemos llegado a ver como necesidades.

Tal vez pienses que es fácil que yo lo diga, si no tengo que preocuparme por el dinero, si soy presidenta emérita de una empresa grande. Sí, eso es cierto... hoy. Sin embargo, no siempre estuve en esta posición. Sé muy bien de primera mano lo que es vivir a la espera de cada cheque de comisiones. Ya te conté los primeros días de mi carrera, cuando tenía que lograr ventas o no pagaba el alquiler de la casa cada mes. Por muchos años, me vi sola para mantener a mis hijos. Te puedo asegurar que la responsabilidad es algo que nunca olvidaré. Así que si eres alguien que batalla para hacer que el dinero alcance, verdaderamente me puedo identificar contigo.

Si bien conocí las dificultades económicas, hubo una sola vez en mi vida en que el dinero se convirtió en prioridad principal para mí. Fue cuando comencé a ahorrar para comprar nuestra primera casa. Comencé con nada y cada semana depositaba unos cuantos dólares en mi cuenta de ahorros. Todavía recuerdo lo emocionada que estaba cuando por fin llegué a la marca de cien dólares. Entonces mi meta era añadirle otro cero a esa cantidad. Cuando lo hice, andaba por las nubes. Hice muchas cosas, todo lo que pude, para evitar gastar dinero con el fin de que crecieran los ahorros para mi casa. Tardé años pero finalmente alcancé mi meta.

El dinero por sí mismo nunca ha sido tremendamente importante para mí. He oído decir a algunas personas que para ellas el dinero es la manera de llevar cuentas. Suelen rebasar un cómodo nivel de ingresos y quieren más y más para medir sus logros. Dicen que el dinero no los emociona, sino la idea de que lo que hacen es digno de lo que acumulan.

Por supuesto, son distintas las fuentes de nuestra motivación. Empero, yo creo firmemente que la gente más feliz no es la que posee más dinero sino la que de veras disfruta su trabajo. Para mí, la emoción está en el trabajo. Incluso hoy, me levanto a las cinco de la mañana y comienzo con mi lista de las seis cosas más importantes que debo hacer hoy. Me encanta la satisfacción de haber terminado con los pendientes de mi lista. Suelo decir que disfruto tanto lo que hago que lo haría por nada.

El tener un trabajo que te encante es parte esencial de mi fórmula de la felicidad. Siento mucha lástima con la gente de este mundo que cada mañana tiene que irse a un trabajo que detesta. Date un momento para pensarlo. De cada día de veinticuatro horas, trabajas ocho y duermes otras ocho. Eso significa que sólo te quedan ocho horas más para divertirte. Si te la pasas infeliz una tercera parte de tu vida, sin duda que esto tendrá efectos negativos en los otros dos tercios restantes.

Hace algún tiempo leí un artículo interesante que decía que las instituciones mentales estaban llenas de gente que había detestado su trabajo. Para cada uno de ellos algo «explotó» después de años de levantarse por la mañana y obligarse a ir a un empleo que no les gustaba. Para mí esto es muy triste y una lección que todos podemos aprender. Si tú odias esas ocho horas de trabajo, el estado emocional sin duda tendrá efectos negativos a largo plazo en tu salud mental.

Muchas mujeres en nuestra compañía me han escrito para decirme que su éxito con Mary Kay Cosmetics ha hecho posible que sus esposos dejen empleos que *ellos* verdaderamente detestaban para pasarse a otras carreras más gratificantes. Con frecuencia son los mismos esposos los que me escriben para decirme lo agradecidos que están. Muchos de ellos se sentían atrapados en vidas improductivas hasta que los ingresos de sus esposas como Consultoras o Directoras les permitieron cambiar sus propias metas profesionales. Cuando una Consultora me cuenta que ha ganado suficiente dinero para darle a su marido libertad, su radiante rostro pone de manifiesto que nada podría ser más satisfactorio para ella o para el resto de su familia.

Por supuesto, la base de toda nuestra filosofía en Mary Kay siempre ha sido que es mejor dar que recibir. Se le dice a la Consultora al comienzo de su carrera: «Tu papel no es vender cosméticos. Tu papel es que vayas a la clase del cuidado de la piel preguntándote: "¿Qué puedo hacer para que estas mujeres vuelvan a casa sintiéndose más bellas por fuera, sabiendo que como resultado de ello se sentirán más bellas por dentro?"»

A cada Consultora se le enseña que su papel es dar. Hacemos el mismo hincapié en toda nuestra organización. Se le pide a la Directora que nunca vea a la Consultora y piense: «Este mes ella me puede producir tal cantidad de dinero en bonificaciones». En lugar de ello, la Directora debe pensar en cómo puede ayudar a que la Consultora busque en su interior y saque los talentos que nunca supo que tenía. En nuestro negocio la felicidad está en dar. Alguien dijo una vez: «Las flores dejan su fragancia en manos de quienes las obsequian».

Hoy yo diría que una de las cosas que más felicidad me produce es ver a cuántas personas les gusta lo que hacen con Mary Kay Cosmetics. Con frecuencia recibo cartas que dicen: «Me encanta tanto ser Consultora que lo haría a cambio de nada». Es un verdadero gozo para mí saber que tantas mujeres comparten mis sentimientos.

Cuando disfrutas tu trabajo a este grado, es importante tener alguien con quien compartirlo. Puedes ser la persona más poderosa del mundo pero tu felicidad de algún modo se ve incompleta sin alguien especial a tu lado. Piensa en cuántas personas han encontrado trabajos de *glamour* y alta paga pero no han encontrado la felicidad. Un buen ejemplo es la desaparecida Marilyn Monroe. De entrada parecía tenerlo todo. Era bella y rica, y tenía una carrera fascinante. Sin embargo, en la cima de su fama, acabó con su propia vida. Es difícil comprender que alguien en su posición pudiera ser tan infeliz. Muchos de nosotros quedamos anonadados cuando, después de su muerte, la gente que conoció a la señorita Monroe hablaba de su profunda soledad. ¿Cómo podía alguien como ella sentirse tan sola cuando estaba constantemente bajo el reflector y era admirada por los demás? Es fácil pensar: «Sin duda alguien como Marilyn Monroe estará rodeada de amigos e inundada por invitaciones sociales». En verdad, su fama y su *glamour* hacían que la gente se sintiera insegura, ya que no era imposible pensar en ella como inaccesible. Así que en lugar de encontrar quien la amara, encontró el vacío.

Es por eso que tener a quien amar y con quien compartir tu tiempo es parte esencial de mi definición de la felicidad. Marilyn Monroe no tenía este elemento en su vida y en consecuencia, la consumían pensamientos destructivos. Creo que muchas mujeres, especialmente las viudas como yo, pueden comprender claramente este punto. Por catorce años tuve a Mel para amar y compartir mi alegría. Con su fallecimiento sufrí una profunda e intensa pérdida. Empero, me quedó claro que no podía permitir que me consumiera la lástima de mí misma. En lugar de ello di la mejor cara a mi pena y apenas cuatro días después, seguí con mis ocupaciones profesionales. Me mantuve tan ocupada que no me di tiempo de sentir lástima de mí misma. Creo que cuando se pierde a un ser querido, hay que aceptar el conocimiento de que se encuentra en un sitio mejor. Nuestro dolor entonces es por nosotros mismos. La vida es para los vivos y debemos seguir con nuestras metas y objetivos diarios.

También debemos recordar que otra gente no se siente triste sólo porque nosotros estamos tristes. Al acercarse la primera Navidad sin Mel, no encontré las fuerzas para poner el árbol. Luego pensé que estaban programadas casi 400 Directoras para visitar mi casa la semana antes de la Navidad. Cada una de esas mujeres esperaría que mi casa luciera festiva. No quería bajarles los ánimos de la temporada, así que coloqué los adornos y puse mi mejor cara.

Sufrí esta misma batalla con la lástima de mí misma el mismo mes del fallecimiento de Mel. Él murió el siete de julio y el 22 de ese mes recibiría a Directoras que vendrían a nuestra conferencia anual en Dallas. Por catorce ocasiones, Mel estuvo a mi lado para recibir a las mujeres en nuestro hogar. Había ayudado a servir las galletas y el té; siempre había dado un breve e informal discurso en la reunión. Ese julio en particular me sentía totalmente extraviada. Sin embargo, ellas nunca lo supieron porque no lo permití.

Con la ausencia de Mel, sigue un lugar vacío en mi corazón. Sin embargo, soy muy afortunada de tener tanta gente maravillosa a quien amar. Con frecuencia tengo el privilegio de compartir con las mujeres que trabajan en nuestra compañía. No hace mucho recibí una carta manchada de lágrimas de una de nuestras Consultoras en Atlanta. La carta comenzaba así: «Muy querida Mary Kay: Esta mañana me encuentro sentada junto a la ventana de mi cocina y veo a mi pequeña hija correr en sus piernitas saludables. De repente me he dado cuenta que este milagro te lo debo a ti». Prosiguió explicándome que su hija más pequeña había nacido con una pierna deforme y que la familia no había podido costear las muchas operaciones que se necesitarían para corregir el problema. Sabiendo lo crueles que pueden ser los niños, a la mujer le horrorizaba la idea de que su hija entrara a la escuela con esa incapacidad que seguro motivaría burlas.

Luego, cuando la niña tenía alrededor de tres años, la mujer asistió a una clase del cuidado de la piel Mary Kay y se dio cuenta que *ella* podía hacer exactamente lo que hacía la Consultora. Así que se hizo Consultora de Belleza, abrió una cuenta de ahorros especial y por varios años ahorró cada centavo que pudo. Cuando me escribió la carta, ya se le habían hecho a la niña todas las operaciones y sus piernas eran normales. Esta era una mujer que sabía amar y compartir con su familia. Qué agradecida me sentí de que decidiera compartir conmigo su historia. ¡El simple hecho de saber que un solo niño tendrá una vida normal vale todas las penas y tribulaciones de haber creado esta compañía!

La tercera parte de mi fórmula para la felicidad es siempre tener una esperanza. En mi caso, esto se vincula con mis dos primeros elementos de la felicidad. Guardo la esperanza de seguir disfrutando mi trabajo como hasta ahora y guardo la esperanza de compartir y estar con gente que amo. Creo que es esencial que siempre tengamos algo en el otro lado del arco iris. Una vez que te acercas a tu sueño, es importante encontrar otro. ¿Has descubierto que siempre es cierto que la *expectación* de llegar es más emocionante que el acto mismo de *llegar* a la meta? Por ejemplo, los niños tal vez puedan disfrutar más la expectación de la llegada de su cumpleaños que la fecha misma. Lo mismo es cierto para el estudiante que aguarda las vacaciones de verano o la graduación. En nuestro negocio, con frecuencia vemos lo emocionante que puede ser anticipar algo. Cuando una Directora trabaja para ganarse el uso de su primer Cadillac rosado, ella y toda su unidad viven emocionadas. Empero, una vez realizado el sueño, la emoción disminuye y todas vuelven a la normalidad. Creo que la mayoría de la gente tiene esa misma experiencia con su primera casa, su primer abrigo de pieles, el primer anillo de brillantes y prácticamente cualquier otra cosa que se logre por primera vez. Una vez realizado el sueño, el objeto que lo representa ya no es tan importante.

Creo que resulta saludable tener algo por lo cual estirarse y un sueño nuevo que reemplace uno ya realizado. Al hacer esto te mantienes motivada y entusiasmada con la vida misma. Estoy segura que esto explica el alto nivel de energía que disfrutan algunas personas. Yo sé que esto es lo que a mí me mantiene fuerte.

En un bello libro intitulado *La magia de creer*, Claude Bistrol describe sus observaciones como reportero periodístico. Presenció la muerte de algunas personas enfermas, cuando otras, igual de enfermas, se recuperaban; vio a equipos de futbol americano ganar partidos, cuando otros tan diestros como los primeros, perdían. Después de estudiar este fenómeno por todo el mundo, apuntó: «Poco a poco descubrí que hay un hilo dorado que hace que la vida funcione y ese hilo tiene un nombre sencillo: *creer*». Bristol vio el poder de la fe en acción y registró lo que vio. ¡La gente que *cree* logra *cosas fantásticas!*

Todos necesitamos un motivo para levantarnos por la mañana. Necesitamos hacer cosas nuevas que disfrutemos y encontrar nuevas emociones. Mi propio sueño es que Mary Kay Cosmetics algún día sea la mejor y más grande compañía del cuidado de la piel en el mundo. No se trata de un sueño vano, sin duda hasta ahora estamos con la mira bien puesta en el blanco.

La persona verdaderamente feliz es aquélla que nunca llega al otro lado del arco iris. He gozado tantas cosas en mi vida, muchas más de las que soñé posibles. Aun así aguardo ansiosa que el sol salga con el comienzo de cada nuevo día. Esto es porque me aseguro que cada día guarde para mí algo emocionante. Y cada día de mi vida le doy gracias a Dios por darme tanta felicidad.

16

No puedes dar más que Dios

HACE POCO RECIBÍ un sobre con veinte billetes de un dólar. Junto con el dinero venía una nota de una Directora que me pedía que autografiara cada billete para poder recompensar con ellos a sus Consultoras. Esto sucede con frecuencia y siempre escribo la misma referencia a un lado de mi nombre: Mateo 25:14-30. Se trata, por supuesto, de la parábola de los talentos. Sinceramente creo que es nuestro fin usar e incrementar lo que Dios nos ha dado. Las Escrituras nos dicen que cuando lo hacemos, se nos dará más. Esta verdad ha sido ilustrada dramáticamente durante toda mi vida pero me gustaría contarte un ejemplo muy especial.

Hace años el pastor de mi iglesia me pidió que hablara ante la congregación para recaudar fondos para un centro de aprendizaje para niños. Debo admitir que mi primera reacción fue un suspiro (espero que disimulado). El esfuerzo por recaudar fondos iba muy lento. Cada domingo un miembro de la congregación había hecho una petición por una colecta especial pero los resultados eran siempre desalentadores. No importaba quién hablara, no podíamos pasar de seiscientos a mil dólares por semana; a ese ritmo, no tendríamos ese edificio en mucho, mucho tiempo.

Con todo esto en mente, vacilé en aceptar la responsabilidad de un discurso más un domingo por la mañana. Además, yo no estaba involucrada en el programa de la escuela dominical. Así que le dije a mi pastor: «Pero yo no tengo nada que ver con el trabajo con los niños en nuestra iglesia. ¿Por qué no le pide a alguien que trabaje en esa área?»

—¿Cree usted que los hijos deben crecer en la fe?

—Por supuesto.

—Entonces dígalo.

Ya me tenía en sus manos. «¿Cuándo?»

—¿Qué le parece en seis semanas?

El pastor fue sabio. Estoy segura que sabía que la gente aceptaría cualquier cosa con un plazo de seis semanas. Decidí que no podía empeorar las cosas, así que acepté hacer el intento.

—Lo haré —le dije.

Como estaba muy ocupada en la oficina y tenía algunos viajes planeados, las seis semanas se fueron volando. Sin embargo, en mi mente me la pasaba buscando las palabras que pudiera encontrar para mi petición ante la congregación. Me molestaba que no hubiera escrito mi discurso porque, por lo usual, un trabajo de esta naturaleza lo planeo con mucho tiempo de anticipación.

Mel y yo estuvimos en Chicago la semana anterior a la fecha en que yo hablaría ante la congregación y, nuevamente, no pude encontrar tiempo para sentarme a escribir. La noche antes de mi discurso llegamos pasada la medianoche. Estaba muy preocupada porque no encontraba las palabras adecuadas pero me convencí de que estaría mejor dormir bien y planear mi discurso por la mañana.

¡A la mañana siguiente a Mel y a mí se nos pegaron las sábanas! Cuando desperté vi el reloj y ya pasaba de las diez. ¡Tenía menos de una hora para ordenar mis pensamientos y estar en la iglesia! Yo para arreglarme necesito *más* de una hora por las mañanas. ¿A *qué horas* tendría tiempo de escribir mi discurso? Mi intención había sido apartar un poco de tiempo en la tranquilidad y el silencio de la mañana para pensar en la mejor presentación posible. ¡Mira lo que pasó! Por cinco segundos contemplé la atractiva posibilidad de quedarme en casa. Sin embargo, eso era imposible; yo tenía una promesa que cumplir.

Mel ya andaba a las carreras preparándose, así que yo hice lo mismo. Tomé el primer vestido que vi en el armario y mientras me lo ponía, pensé: «Ay, Señor, llena mi boca de palabras que valgan la pena y detenme cuando ya haya dicho lo suficiente». Por lo visto el discurso iba a estar en sus manos, ya que yo no tenía tiempo para pensar.

«Tendrás que decirme qué voy a decir, Señor», oré. Luego me detuve en plena aplicación del maquillaje porque brotó un pensamiento diáfano que me paralizó: «Mary Kay, dile a la congregación que tú igualarás lo que ellos den hoy».

El pensamiento era tan claro y vívido que solté el maquillaje y dije en voz alta: «A ver, ¡un momento, Señor! Tengo que pensar esto bien». Por fortuna, Mel no me escuchó hablando sola en mi tocador. «Va a decir que estoy loca», atiné a pensar. Si yo siquiera hubiera sugerido que Dios en realidad me habló, cualquiera tendría todo el derecho de pensar que yo necesitaba descansar más de lo que hacía. Hablar con Dios es una cosa. Mucha gente lo hace. He sabido de gente que asegura que Dios le habla pero esto era lo más próximo que a mí me había ocurrido.

En el coche tuve unos momentos para pensar y orar, y estuve tentada de contarle a Mel mi idea. «Ni te atrevas», me dije a mí misma en el silencio del trayecto a la iglesia. Traté de organizar mis ideas para el discurso; todo lo que podía pensar era en ese enunciado que se me vino a la cabeza tan clara e inesperadamente: «Mary Kay, dile a la congregación que tú igualarás lo que ellos den hoy».

Para cuando llegamos a la iglesia, el coro estaba en posición y el servicio estaba por comenzar. Tuvimos que caminar de puntitas por el pasillo hasta nuestros lugares. Apenas nos habíamos sentado cuando el pastor me llamó al púlpito.

Mientras caminaba al púlpito, me di cuenta que todavía no tenía idea de lo que iba a decir. Otra vez dije con el pensamiento: «Esto está en tus manos, Señor». Luego me vi hablando de los años en que yo enseñé religión los domingos en mi iglesia de Houston. Allí trabajé con niños de cuatro y cinco años de edad, y había presenciado el valor de enseñar la Biblia a niños tan pequeños. Hablé de lo importante que es enseñar a los niños la diferencia entre el bien y el mal. Recordé que cité los Proverbios: «Enseña al niño el camino que debe seguir, no se apartará de él mientras viva».

Luego me escuché diciendo: «Saben, tenemos ya mucho tiempo hablando de este edificio y cada domingo reunimos como seiscientos dólares. En una buena semana tal vez hasta lleguemos a mil dólares. A este paso, estos niños van a tener nietos. Tenemos que hacer algo.

—Ya me han oído hablar de nuestra compañía y cómo operamos con base al dinero en efectivo. Bueno, yo igualaré cualquier cantidad que den hoy.

Silencio total. Respiré hondo y proseguí.

—Ustedes saben que operamos sin aceptar crédito, así que no quiero promesas hoy, quiero cheques o dinero en efectivo. —Y para cerrar bien, repetí: «Lo que den hoy, yo lo igualaré».

Ahí estaba hecho. Vi a Mel. Como no le había hablado de mi idea y porque Mel estaba jubilado y tal vez no pudiera costear esta oferta, no podía hablar a nombre de los dos. Aun así no quería herir sus sentimientos haciéndolo únicamente a nombre mío. Cualquiera que fuera la cantidad, sabía que tenía que contribuir con la misma cantidad por mi cuenta.

Mel estaba atónito, así como otras personas, aunque la mayoría nada más siguió sentada sin reacción aparente. Cuando volví a mi lugar, ya estaba regañándome por una idea que había sido un fracaso. «Mírate —pensé—, puedes vender cosméticos pero no puedes "vender" el trabajo de Dios».

Cuando el pastor terminó su sermón, hizo una pausa y añadió: «Esta mañana he tenido dificultad en mantener su atención. Espero que se deba a la oferta de Mary Kay». Luego me miró y dijo: «Mary Kay, yo sé que muchos de nuestros feligreses hacen sus cheques antes de venir a la iglesia, así que tal vez no traigan sus chequeras. ¿Está bien si les damos hasta las cinco de la tarde?»

Asentí aunque me sorprendía que el pastor pudiera pensar que la congregación fuera a responder pero también tenía la esperanza de que estuviera en lo cierto. Llegaron las cinco de la tarde y me descubrí en espera de que timbrara el teléfono. Toda la tarde me la pasé pensando cuánto se habría dado. Sin embargo, nadie llamó. Seguí espiando el reloj y el paso de las horas. Con cada hora que pasaba, más me desalentaba. Era obvio que la colecta era tan pequeña que les daba pena decirme. Mientras más tarde se hacía, peor me sentía. Por lo general hablaba de mis apuros con Mel pero esta vez era muy grande mi vergüenza como para mencionarlo. Cuando llegó la hora de irnos a dormir, aún no había recibido noticia alguna.

Eran como las diez de la mañana del día siguiente cuando por fin recibí la llamada del presidente del comité de construcción.

—Me quedé esperando su llamada anoche —comenté—. ¿Qué pasó?

—Es que tuvimos una junta sobre esto anoche y se hizo muy tarde —respondió.

—Ay, ¿tan mal estuvo?

—Ay, no, por el contrario. Estuvo fenomenal.

¿Fenomenal? Mil dólares. Tal vez más. ¡Tal vez dos mil! ¿Tal vez hasta cinco mil? «¿Qué quiere decir?», le pregunté.

—Mire, Mary Kay —dijo midiendo sus palabras—, antes que le diga la cantidad, quiero decirle lo que discutimos anoche en nuestra junta.

—¿Sí?

—Pasamos un buen rato hablando de esto y decidimos que no queremos que se sienta obligada a su palabra. Se me dio la responsabilidad de asegurarme que esto le quedara muy claro. Sabemos que usted no pudo anticipar lo que pasaría y nosotros tampoco.

—Yo hice la oferta —dije— y a ella me atengo.

—Mire, no tiene que hacerlo; quiero que entienda eso. Comprendemos perfectamente si no lo hace.

—¿Cuánto fue?

Comenzaba a parecerme que la cantidad estaría más bien por los cinco mil dólares... tal vez diez mil. ¡Sería maravilloso! Siguió vacilando y pensé: «Bueno, ¿tal vez veinte mil dólares?»

Finalmente respondió: «*107 748* dólares».

Yo era la persona que la noche anterior se había ido a dormir deseando que ojalá se recaudaran mil dólares. ¡Nunca en mi vida he tenido sentimientos tan encontrados! Esa cantidad de 107 748 dólares junto con mi contribución y lo que ya teníamos sería suficiente para comenzar la construcción del centro de aprendizaje. Le había pedido a Dios que me dijera qué decir. Ciertamente lo había hecho. Se había logrado lo que nunca me imaginé ni en sueños.

Por otra parte, recordé claramente lo que había anunciado: los miembros de la congregación tenían que dar efectivo y yo también tendría que hacerlo... *¡hoy!*

Ahora el silencio estaba de mi lado de la línea y se escuchaba claro. «¿Está allí?», me preguntó.

—Sí —suspiré. Mi mente trabajaba veloz. No tengo ese tipo de efectivo en mi cuenta de ahorros. Conforme llega el dinero, lo invierto; pero como esos otros miembros habían reunido esa cantidad, de alguna manera yo también lo haría. La única solución que se me ocurrió fue cancelar mi siguiente cita y hacer arreglos para obtener un préstamo de banco.

—Mire, no *tiene* que hacerlo —empezó otra vez.

—Ya sé, ya sé. Eso es muy considerado de parte suya. Sin embargo, no tengo la menor intención de no cumplir con mi palabra. De hecho, dígales a los del comité de construcción que definitivamente será un placer para mí.

Mi intención era que se me escuchara cordial; pero no estoy segura porque al momento de colgar, tenía la cabeza entre las manos. Era mucho dinero, como cien veces más de lo que esperaba yo que iba a necesitar. «Bien, Señor —dije—. Tú me metiste en ésta. ¡Ahora sácame de aquí! ¿Cómo voy a conseguir todo eso?»

En eso sonó el teléfono. Era Richard.

(Aquí debo hacer un paréntesis para explicar algo. Varios meses antes de este suceso, Richard me había hablado de una propuesta de inversiones. Un geólogo que él conocía había desarrollado una técnica sísmica para detectar petróleo. Richard investigó el procedimiento y le impresionó su potencial. En consecuencia, me exhortó a que invirtiera en dos pozos de petróleo. Confié en su juicio y le dije «adelante». Desde ese día no volví a pensar una sola vez en esos pozos de petróleo.)

Richard estaba jubiloso.

—¡Nunca he visto nada así en toda mi vida! Todo lo que tocas se convierte en oro.

—¿Qué quieres decir?

—Los pozos de petróleo —explicó—, ¿te acuerdas? Acaban de brotar. No uno, sino los dos. ¡Los dos con *pozos surtidores!* Es increíble. ¿Sabes lo que valen esos pozos?

—Dime —le pedí. Estoy segura que mi respiración se había suspendido porque tenía una sensación extraña.

—Entre los dos —dijo—, este mes tu parte será más de cien mil dólares.

Te puedo asegurar que ese mediodía fue una mujer muy humilde y muy agradecida la que llevó su contribución a la iglesia. El dinero que pedí prestado al banco lo pagaría al final del mes con los ingresos de esos pozos de petróleo.

Este incidente me recordó algo que aprendí de niña en la escuela dominical de mi iglesia (por cierto, en un aula que no era tan bonita como las del nuevo centro de aprendizaje para los niños). Nunca hay que temer dar en nombre de Dios porque él siempre verá que lo recibas por cien multiplicado. De eso se trata la parábola de los talentos. Mientras más das, más recibes. No puedes dar más que Dios.

Mi historia tiene continuación. Después de este éxito, unos cuantos años después me hablaron para pedirme otra vez que encabezara un acto para recaudar fondos para la iglesia. Esta vez decidí tomar otra ruta: organicé a otros miembros y pasamos seis semanas preparando a la congregación para nuestra propuesta. En una maravillosa mañana de domingo reunimos promesas por más de diez millones de dólares para el Centro de Aprendizaje Cristiano y en otra ocasión siete millones de dólares para el santuario de la iglesia. Lo he dicho antes pero lo repito con mayor energía: ¡No puedes dar más que Dios!

17

Piensa en rosado

HACE UNOS AÑOS Dick Bartlett, miembro de nuestro equipo ejecutivo, habló con los estudiantes de la Facultad de Negocios de la
Harvard University. Dick siempre viste de la forma profesional que
uno espera de un hombre de su calibre. Sin embargo, al entrar al aula
quedó totalmente encantado de ver que casi todos los estudiantes
iban vestidos de rosado. En los años desde 1963, todos nosotros en
Mary Kay Cosmetics hemos adquirido una «reputación rosada». De
hecho, pareciera que todos los que «piensan en rosado» también
«piensan Mary Kay». ¡A nosotros nos encanta!

Por lo tanto, la gente se sorprende cuando le digo que cuando
comenzamos nuestra compañía, *¡el color rosa no era mi color
preferido!* La decisión de elegir ese color para nuestro empaque y
materiales promocionales se basó meramente en la lógica. En 1963,
casi todos los baños del país eran blancos. Entonces —como ahora—
la gente por lo general tiene el baño atiborrado de potes y frascos de
desodorantes, aerosoles para el cabello, perfumes y cosméticos. La
mayoría de las etiquetas se diseñaban en colores muy vivos, lo que a
mí me parecía ofensivo. Quería que los recipientes fueran tan atrac-
tivos que a la mujer se le antojara lucirlos. Consideramos muchos
colores y por último nos decidimos por un rosa suave y delicado que
iba perfectamente con los baños de azulejos blancos.

Conforme nuestra compañía se dio a conocer, todo mundo
esperaba que me encantara el rosado, que estuviera sentada en una

oficina rosada, viviera en una casa rosada y que siempre vistiera de rosado. Ahora te admitiré que por muchos años me resistí a la «presión rosada». Es cierto que puedo ser un tanto terca cuando la gente me dice lo que debo hacer pero sinceramente me siento más cómoda rodeada de amarillos y azules. Me encantan los trajes negros conservadores; y la gente me suele decir que los colores fuertes —como el rojo y el azul— favorecen mis ojos y mi piel. ¿Qué mujer no quiere lucir los colores que la gente le dice que le van bien?

Sin embargo, el color rosa siguió ejerciendo su influencia sobre mí, relacionándose cada vez más con las buenas sensaciones, el éxito y los recuerdos agradables. Un día se me ocurrió la idea de recompensar a nuestra Directora más destacada con un Cadillac de color rosa. Quería un Cadillac porque era de prestigio. Lo quería rosado porque era «nuestro color» y porque les daba a nuestras más destacadas vendedoras la atención que merecían. No hay duda que la gente se da cuenta cuando un Cadillac rosado hace alto en una intersección. Cuando yo conduzco el mío, todo mundo lo nota y de algún modo recibo cortesías de los otros conductores. (Nuestras Directoras han observado el mismo fenómeno.) Si espero en una intersección para entrar al tránsito, alguien siempre me hace una seña cortés para que pase.

Los automóviles se han convertido en tal éxito que están en el centro mismo de nuestro programa de recompensas. Hasta creamos dos niveles de logros que anteceden al del Cadillac, un Grand Prix de Pontiac también de color rosa que se pueden ganar las Directoras y un Grand Am rojo, disponible para Directoras y Consultoras de alto desempeño.

Actualmente le hacemos a General Motors un pedido anual tan grande que ahora oficialmente llaman nuestro color «rosado Mary Kay». ¿Cómo podría resistir tan maravilloso tributo?

Además, son muchas, muchas las personas que me recuerdan con obsequios rosados. Pareciera que cada vez que una Consultora o Directora ve algo de color rosa, ¡piensa en mí! En consecuencia, siempre recibo los obsequios rosados más bellos y exhibimos docenas de estos artículos en las vitrinas de mi oficina, en el área de recepción y en mi casa. Me encantan todos porque representan el amor y el éxito que hemos podido compartir con tanta gente.

Asimismo, me tienen en mente los fabricantes que saben que compramos cientos de miles de recompensas y artículos promocionales. Casi a diario recibo muestras, como lápices rosados, papel personalizado rosado, clips rosados, etcétera. Te sorprenderá saber cuántas cosas se pueden hacer de color rosado hoy en día. Algunos de estos artículos son verdaderamente ingeniosos. Por ejemplo, una vez usamos una calculadora rosada como recompensa en un concurso. ¡Hasta recibí una pequeña cama elástica rosada para hacer ejercicios en el interior de la casa y un emprendedor peletero me ofreció un traje de visón rosado!

Después de un rato parece que el rosado tiene un efecto muy agradable en la gente. De hecho, un grupo de psicólogos de California estudiaron esta observación y concluyeron que el color rosado ayuda a tranquilizar a la gente sobreexcitada y violenta. Descubrieron que cuando metían a los presidiarios rebeldes en celdas rosadas, la mayoría se calmaba en cuestión de minutos.

No sé exactamente cómo ocurrió; sería por ese efecto tranquilizante que estudiaron los psicólogos o el simple hecho de que ahora relaciono el rosado con el amor pero la verdad es que a mí también me encanta el color rosa. Después de todo, «mejor únete si no puedes contra ellos».

Esto se ejemplificó dramáticamente cuando decidí que me construyeran una casa nueva. Durante las etapas de planeación, algunos de mis asesores más cercanos me dijeron: «Mary Kay, como su nueva casa será vista por tantas Consultoras y Directoras, creemos que sería buena idea incluir nuestra imagen corporativa y pintar el estuco de color rosa».

De veras que los sorprendí cuando les dije que adelante, que me parecía una excelente idea.

Construyeron la casa y debo admitir que es impresionante con techos de 8.50 metros de altura, una piscina griega, lámparas de araña hechas de cristal veneciano, una sala de recepción grande con paredes revestidas de paneles de madera y una chimenea de mármol; un baño que era réplica exacta del que tenía mi finado amigo Liberace; un comedor amarillo y dorado, un vestíbulo abierto con una escalinata de caracol y muchas habitaciones para todos mis invitados.

Viví en la casa rosada por seis años y pasé la mayor parte de mi tiempo en una *suite* relativamente pequeña que comprendía mi dormitorio, mi vestidor y una biblioteca con oficina.

18

Aplausos, aplausos

¿CUÁNDO FUE LA ÚLTIMA VEZ que alguien te aplaudió? ¿En tu graduación universitaria? ¿Después de tus comentarios durante una junta del comité de tu iglesia? ¿Recuerdas lo bien que te sentiste? Amplifica ese sentimiento mil veces e imagínate en el centro del escenario del Centro de Convenciones de Dallas. Atrás de ti hay varias pantallas gigantescas de video, cada una del tamaño de las que vemos en las salas de cines y cada una proyectando tu imagen y tu nombre. Estás en una escenografía que se eleva a la altura de varios pisos, cubierta de luces y una decoración digna de Broadway. Las cámaras lo graban todo y las bombillas resplandecen mientras miles de personas se ponen de pie y te aplauden. Así es el reconocimiento en un Seminario de Mary Kay y a este fenómeno lo llamamos «el poder del escenario». Las vendedoras profesionales desfilan en el escenario por unos segundos y salen temblando de emoción y entusiasmo. A partir de ese momento y hasta el Seminario del siguiente año, cada una de ellas luchará por ganarse otra vez ese aplauso. Esto se debe a que cada uno de nosotros florece con el reconocimiento.

El Seminario anual es el acontecimiento más importante del año Mary Kay. Es ocasión en que las Consultoras y Directoras se reúnen para compartir y reconocer los logros. No estamos hablando de una sencilla «convención de la compañía». El Seminario es un derroche multimillonario que ha sido comparado con los premios del Óscar, el concurso señorita Estados Unidos y un musical de Broadway, ¡todo en uno! El Seminario tiene premios, competencias, drama y entretenimiento deslumbrantes. Es un espectáculo de tres días... al estilo Mary Kay.

Invertimos tanto dinero y esfuerzo porque hemos aprendido una muy importante lección: el deseo de ser reconocido es un poderoso motivador. Si le das a alguien un artículo de cuarenta centavos en una caja de un dólar con el equivalente a cien dólares de recono-cimiento, ¡es mil veces más efectivo que darle un artículo de cien dólares en la misma caja con cuarenta centavos de reconocimiento!

Durante el Seminario nuestras Directoras Nacionales de Ventas y líderes destacadas de ventas conducen sesiones educativas en las que se enfocan en todos los temas que puedan ayudar a que la Consultora establezca su propio negocio, rentable e independiente. Sin embargo, sin duda, el momento culminante del Seminario es la Noche de Premios. No se escatiman gastos en el esfuerzo por un elegante y lujoso escenario digno de una producción de Cecil B. DeMille. El acontecimiento culmina cuando se les otorgan a nuestras vendedoras más destacadas los premios de fábula que se ganaron haciendo que Mary Kay Cosmetics sea sinónimo de lujo y de *glamour*: anillos de brillantes, Cadillacs rosados y vacaciones de ensueño.

Cada Noche de Premios tiene un tema que expresa una filosofía de la compañía o idea de motivación. Por ejemplo, en un Seminario el tema fue *Los sueños se realizan*. En este acontecimiento en particular, los expertos en producción invirtieron meses planeando un fondo de cuento de hadas, completo con un castillo de cuatro pisos, música, caballeros con sus damiselas, miles de lucecitas blancas centelleantes y adaptaciones musicales de la partitura de *Camelot*. Aun a la persona más indiferente se le hizo imposible no sentirse cautivada por el entusiasmo que llenó la arena esa noche. Así es como queremos que se sienta el público: ¡totalmente transportado a un día más brillante y un sueño más grande!

El Seminario es la expresión máxima de un concepto muy simple: *¡elogiar a la gente hasta llegar al éxito!* Haz que la gente sepa que se le aprecia y se valora su desempeño, y ella responderá con un esfuerzo aun mejor. Los aplausos y el reconocimiento que éstos representan están entre las fuerzas más poderosas del mundo.

A todos nos gustan los elogios. Uno de los pasos más importantes que yo di fue cuando comencé a imaginar que todas las personas con la cuales me encontraba traen colgado alrededor del cuello un letrero que dice: «Hazme sentir importante». Ya sea en sentido figurado o literal, absolutamente todos responden al aplauso. Yo creo que si tuvieras la opción de escoger entre dos regalos para tu hijo: por un lado un millón y por el otro, la capacidad de pensar positivamente, el regalo mayor sería el de la seguridad en sí mismo. Ésta sólo se da con elogios y aplausos.

De vez en cuando me encuentro con alguien ajeno a nuestra organización que comienza a mofarse de todas nuestras recompensas y símbolos. Tal vez hasta comience con un comentario tonto como: «Yo no necesito todos esos trucos para hacer un buen trabajo». O bien, tal vez pregunte: «¿No cree que esas mujeres son tontas por trabajar tanto por un listón o un prendedor?» Sin embargo y por lo visto, esta persona no ha observado bien al mundo que la rodea.

Tengo una anécdota simpática que ejemplifica lo importante que es el elogio para la gente. Una mamá y su hija adolescente discutían sobre el novio de la chica. «¿Qué le gusta de ti?», le preguntó la madre.

—¡Él piensa que soy linda y dulce, y que tengo una personalidad maravillosa!

—¡Qué bien! Y a ti, ¿qué te gusta de él?

—El hecho de que él piense que soy linda y dulce, y que tengo una personalidad maravillosa.

Sin embargo, creo que cuando se trata de necesitar aplausos, los adultos no son distintos de los chicos. ¿Has observado cómo los jugadores de futbol americano obtienen una estrella para su casco cada vez que hacen una jugada clave? Bueno, no creo que eso sea muy distinto de las estrellas doradas que los niños ganan por un desempeño en la escuela. ¡Todo mundo responde al elogio, desde un niño pequeño a un gigantesco y macho *linebacker* de futbol americano de 113 kilos! ¿Y qué tal las medallas y cintas en el pecho de un soldado profesional? La gente siempre ha estado dispuesta y se arriesga a lesiones serias y hasta a la muerte por símbolos de reconocimiento.

El elogio ciertamente fue muy importante para mí cuando era niña. Mi madre me elogiaba por todo lo que hacía y crecí disfrutando ese reconocimiento y queriendo más de él. Me gustaba que se me elogiara por vender el mayor número de boletos y recibir un premio por ser la mejor mecanógrafa de mi clase. Disfrutaba estar en el centro de la atención siendo parte del equipo de debate. Me encantaba que se me aplaudiera por concursos de discursos improvisados.

El Seminario es nuestro reconocimiento máximo pero practicamos nuestra filosofía de elogiar hacia el éxito miles de veces al día. Comenzamos en el primer momento en que conocemos y animamos a una Consultora potencial. Cuando una mujer considera por primera vez una carrera con Mary Kay Cosmetics, es muy común que diga: «Ay, en realidad no creo que pueda vender». Lo que en realidad está diciendo es: «No tengo la suficiente confianza en mí misma». He visto a mujeres que se unen a nuestra compañía sin que tuvieran la confianza suficiente en sí mismas como para pedir una pizza por teléfono. ¡Creo que algunas de ellas hubieran sido incapaces de encabezar una oración grupal en silencio! Sin embargo, las animamos elogiando hasta el logro más pequeño. Aplaudimos cada pequeño triunfo uno tras otro y, antes de que nos demos cuenta, realmente se han vuelto exitosas. *Las elogiamos hacia el éxito.*

Tan tímida era una Consultora que asistió a nuestro programa de desarrollo para Directoras nuevas que ni siquiera podía decir «buenos días». Cuando entré al salón y dije «buenos días», agachó la cabeza. Después me enteré que se había unido a la compañía con el fin de que algún día pudiera pararse ante un grupo de seis personas y decir: «Me llamo Rubye Lee». ¡Eso sí que es ser tímida!

Un miembro de nuestro personal me preguntó mi parecer sobre Rubye Lee y le respondí: «Sabes, no creo que esta mujer lo logre. Nunca he conocido a alguien que sea tan tímida». Muy poco sabía yo; un año después esta misma mujer estaría en el escenario del Seminario cautivando a miles de personas. Dio un discurso tan poderoso que recibió una ovación de pie. ¡Es absolutamente tremenda y hoy se ha elevado al rango de Directora Nacional de Ventas! Lo que necesitaba era que alguien reforzara su confianza en sí misma.

Deja que te dé otro ejemplo de lo que es «elogiar a la gente hacia el éxito». Ocurrió hace muchos años, cuando todavía estábamos domiciliados en el 1220 Majesty Drive. Estaba yo en mi oficina una mañana y como nuestro espacio era más bien reducido, no pude evitar escuchar a la Directora Nacional de Ventas Emérita Helen McVoy que hablaba con una Consultora, afuera de mi puerta.

—¿Tuviste una clase de 35 dólares? ¡Maravilloso! —exclamó.

Incluso entonces, 35 dólares por clase no era maravilloso. No podía imaginarme a quién le hablaba y por qué pudo haber hecho tal comentario. Así que abrí mi puerta para asomarme y Helen me vio.

—Ah, Mary Kay —dijo—, ¿puedo presentarte a mi recluta nueva? ¡Anoche tuvo una clase de 35 dólares!

Helen hizo una pausa y añadió con entusiasmo:

—Las dos primeras clases no vendió nada pero anoche…

Sin sus cumplidos y su apoyo, es totalmente posible que la Consultora nueva de Helen nunca hubiera presentado su cuarta clase. Helen la elogiaba hacia el éxito. Reforzar la seguridad de una persona elogiando cada uno de sus pequeños triunfos ha permitido que muchas personas logren más de lo que hubieran pensado posible. Fue John D. Rockefeller quien dijo: «Pagaré más por la capacidad de saber tratar con la gente que ningún otro producto bajo el sol, sea azúcar, trigo o harina». Estoy segura de que la capacidad innata de Helen McVoy de trabajar con la gente es el motivo por el cual se mantuvo como la Directora Nacional de Ventas número uno en Mary Kay por diecisiete años.

Ya te he dicho lo mucho que yo quise ganar aquel concurso de Miss Dallas que organizara Stanley Home Products. ¿Por qué trabajé tanto? No fue por la cinta que decía «Miss Dallas». Fue por el reconocimiento. Desde entonces he visto a muchas mujeres trabajar con el mismo ahínco por un listón como por un regalo caro o un premio en efectivo. Sabes, no importa lo que el premio sea. Incluso si se nos otorga un procesador de alimentos y la mujer ya tiene ese aparato Cuisinart nuevo, trabajará y trabajará por ganárselo. Lo que necesita es el reconocimiento.

Hemos visto que cuando una mujer primero comienza su carrera se alimenta con los elogios que le hacemos. Ninguna ama de casa ha escuchado que alguien en su familia exclame: «¡Ay, qué bello y limpio piso!» «¡Qué suaves e impecables pañales!» La mayoría de las oficinistas rara vez escuchan: «Es maravilloso que ninguno de tus informes tenga un error ortográfico». Es improbable que incluso cuando la mujer hace trabajo voluntario se le reconozcan todas sus aportaciones. Cuando una de estas mujeres llega con nosotros, de repente aprende lo divertido que es recibir reconocimiento y dinero por su trabajo.

Creo que la mayoría de las mujeres están dispuestas a trabajar más arduamente por un pequeño trozo de reconocimiento. Es por eso que otorgamos una cinta por la primera clase del cuidado de la piel en que la Consultora vende 150 dólares, otra cuando logra 200 dólares, etcétera. Hace poco una Directora me escribió para decirme que algunas de las personas con las que trabajaba se habían ganado todas las cintas que tenemos. «¿Ahora qué hacemos?», preguntó. Le contesté diciéndole que comenzara a elogiar a estas mujeres para que reclutaran y luego que las ayudara a tomar el camino que las llevara a convertirse en Directoras. Nuestras Directoras comprenden la importancia del reconocimiento. Por ejemplo, muchas de ellas le dan a la Consultora una pequeña estrella por cada persona que reclutan. Para cuando la Consultora llega a Dallas para asistir a nuestro programa de desarrollo para Directoras nuevas, no es extraño que tenga quince o veinte estrellitas doradas en su saco. Al darle las estrellas, su Directora le da una señal visible de sus logros. Esas estrellas dicen: «Mírenme, soy triunfadora».

Tan importante como el reconocimiento, los premios fabulosos son símbolos importantes del reconocimiento. Nunca olvidaré uno de los primeros concursos de ventas que yo gané. Había trabajado empeñosamente por ganarme el principal premio de ventas; cuando lo recibí, ¿me creerás que era una *linterna de pesca*? Bueno, ni siquiera *sabía* para qué servía. Me enteré después que es algo que usas cuando te pones esas botas largas hasta la cadera para pescar y te metes al agua para arponear peces. Estuve muy orgullosa de haberla ganado pero no podía imaginarme ninguna otra cosa que pudiera desear menos.

Por años guardé esa linterna de pesca como recordatorio, por si alguna vez me encontraba en posición de dar recompensas para nunca darle a la mujer una linterna de pesca. Procuraría en lugar de eso escoger premios que la emocionaran. Pensé que los mejores premios eran cosas que la mujer querría para ella pero que lo más probable sería que no los comprara. Así que en nuestra compañía eliminamos la mayoría de los regalos «prácticos». Una mujer por lo general piensa primero en su familia antes de pensar en ella misma. Si pones una lavadora en un lado de la balanza y en el otro un anillo de brillantes, la mayoría de las mujeres escogería el artículo práctico. Así es como llegamos a otorgar premios como Cadillacs rosados y joyas de brillantes.

Otorgamos incontables anillos de brillantes. Con excepción de un anillo de compromiso, la mayoría de las mujeres nunca reciben brillantes. Así que en nuestra compañía, en sólo cuestión de unos años, una productora estelar podría tener un brillante para cada dedo.

Cualquier cosa puede ser símbolo de reconocimiento. En Mary Kay Cosmetics un artículo muy exitoso ha sido la ropa. Por ejemplo, una vez que la Consultora recluta tres Consultoras nuevas, puede usar un saco rojo especial. Las Directoras y las Directoras Nacionales de Ventas se ganan el privilegio de usar trajes de diseñador que correspondan a su nivel de logros. (Los trajes nuevos se eligen cada año.) Así puedes verte entre una multitud de diez mil Directoras y Consultoras Mary Kay y saber inmediatamente quiénes son nuestras productoras más destacadas precisamente por las prendas que visten. Es obvio que esta tradición se modeló en las distinciones de los uniformes militares. (Después de todo, ¡el rango tiene sus privilegios!)

Nuestros métodos de reconocimiento no se limitan a los premios. También reconocemos a nuestra gente más sobresaliente en nuestra revista *Applause*. A la gente le encanta ver su nombre impreso, así que cada mes listamos a nuestras vendedoras estelares. Asimismo, incluimos los nombres de nuestras más destacadas reclutadoras y Directoras nuevas. Cada edición va repleta de fotos de mujeres que han obtenido algún logro significativo en nuestra organización.

Por su parte, alrededor de siete mil Directoras también envían un boletín mensual para poder elogiar a las integrantes de sus propias unidades. En muchos casos, esto significa brindar reconocimiento a la gente que no lo logró en la revista *Applause* pero que no obstante tuvo logros significativos. Nuestra oficina matriz produce una publicación semanal para las Directoras llamada *Breves para Directoras* y con frecuencia se incluyen historias originales o especialmente inspiradoras que primero se publicaron en boletines locales. Todo mundo aspira a ser citada en *Breves para Directoras*, así que éste también se ha convertido en un modo de reconocimiento.

Creo que el reconocimiento público es la forma más fina de dar elogio. Los boletines son un modo muy eficaz de dar reconocimiento; otro es la reunión de unidad semanal. Todas nuestras Directoras tienen estas juntas, las cuales les presentan una excelente oportunidad de elogiar a los individuos por sus logros. Es mucho más gratificante recibir elogio enfrente de tus compañeras que en privado. El aplauso entusiasta y la entrega de cintas y otras recompensas le añaden un aire de emoción y dinamismo. Este tipo de reconocimiento hace maravillas en la autoestima de la persona.

Hacer elogios cuando éstos se merecen se ha convertido en filosofía práctica en todos los aspectos de nuestro trabajo para Mary Kay Cosmetics. El elogio comienza en la primera clase del cuidado de la piel a la que asiste una mujer, cuando le decimos cómo se ve después de su facial. Luego, cuando expresa interés por convertirse en Consultora, la animamos diciéndole que ella también puede hacerlo. Tal vez la ocasión en que más elogio necesita es después de que presenta su primera clase. Si bien la Consultora pudo haber cometido algún error drástico, una reclutadora inteligente evitará la crítica. Especialmente al principio, la Consultora necesita elogios por todo lo que sí hace bien.

No creo que nadie responda positivamente a las críticas. Supongamos que una mujer gasta cien dólares en un vestido nuevo y la primera vez que se lo pone alguien le dice: «Por Dios, ¿dónde compraste ese horroroso vestido?» Puedes estar segura que nunca más lo volverá a usar. Creo que si es necesario hacer una crítica, lo mejor es hacerlo como un emparedado, entre dos gruesas «rebanadas» de elogios. Por ejemplo, cuando la Directora va a la clase del cuidado de la piel de una Consultora puede tomar dos hojas de notas y apartar una de esas hojas para apuntar todas las cosas *correctas* que observó. Después de la clase, la Consultora invariablemente dirá: «Dime qué hice mal». (Todas dicen eso.) En lugar de eso, la Directora debiera decir: «Hablemos de lo que hiciste bien». Luego debe apoyar a la Consultora elogiando sus puntos fuertes. Cuando hace una crítica necesaria, cuidadosamente la empalma entre los elogios. Sólo entonces es que se agradecerá y se actuará acordemente.

La falta de sinceridad tiene la tendencia de actuar en contra de uno, así que pienso que es muy importante ser franca cuando se den elogios. Debo decir que aún era una joven vendedora cuando aprendí duramente esta lección.

Tenía la costumbre de elogiar siempre a mi anfitriona por algo que de veras me gustaba de su casa. Sin embargo, en una fiesta particular, andaba muy apurada y no tuve tiempo de ver a mi alrededor. Al arreglar mi demostración, vi un cuadro con un colibrí en una orquídea y dije: «¡Qué bella pintura!»

La anfitriona dijo: «Ay, qué gusto, yo la pinté».

No se me ocurrió otra cosa que decir, así que volví a elogiarla por su cuadro. Es obvio que dejé la impresión de que de veras me gustó la pintura.

Dos semanas después volví con ella para entregarle un pedido. Ya casi era Navidad y yo desesperadamente necesitaba dinero para comprar los regalos navideños de mis hijos. La mujer me recibió cálidamente y luego dijo: «Sabe, Mary Kay, he estado pensando en lo mucho que le gustó mi pintura. Se la voy a dar a cambio de mi pedido».

Por supuesto, no pude hacer otra cosa que darle las gracias. No tengo que decirte cómo la pasamos esa Navidad. Sin embargo, aprendí una valiosa lección: nunca elogies con falsedad. (También aprendí a decir «no, gracias» cuando alguien quiere hacer un trueque en lugar de pagar con dinero.)

El dar elogios es parte integral de nuestro negocio. Todas las Consultoras aprenden muy pronto a elogiar a la gente con la que trabajan. Pronto, el dar elogios se vuelve parte de su naturaleza. Su hábito de elogiar a los demás tiene un efecto amplificador que comienza a enriquecer la vida de toda la gente que conoce.

Fue Emerson el que dijo: «El único obsequio verdadero es la parte que dáis de vosotros mismos». Damos de nosotros cuando brindamos apoyo y elogios sinceros. A la larga, somos nosotros los que ganamos porque es cierto que todo lo que damos a la vida de los demás vuelve a la nuestra.

19

El toque personal

HACE MUCHOS AÑOS hice fila por tres horas para saludar de mano al vicepresidente de ventas de la compañía para la que trabajaba. No nos conocíamos y para mí era una ocasión especial. Cuando finalmente llegué hasta él, me dio la mano y me saludó pero viendo en todo momento sobre mi hombro para ver cuánta gente quedaba atrás de mí. Es fecha que me duele el recuerdo de este incidente. En el acto decidí que si algún día llegara a ser una persona a la que la gente quiere saludar, voy a dedicarle toda mi atención a la persona que tenga enfrente, aunque eso signifique que nunca termine la fila.

Pues resulta que efectivamente la gente se ha puesto en fila para saludarme de mano y siempre he hecho mi mejor esfuerzo porque cada persona se sienta importante. La gente me ha preguntado: «¿Cómo le hace? ¿No se cansa?» Por supuesto que me agoto físicamente pero continúo porque sé lo que se siente cuando una persona que consideras importante te despide bruscamente. No importa si estás de pie en la línea de una recepción o hablando con tu niño después de la escuela, siempre es importante enfocar toda tu atención en la persona que tienes enfrente de ti. Si puedes amar a la persona, mucho mejor. Sin embargo, nunca debes tratar a alguien de un modo que no te gustaría que te trataran a ti.

Es asombroso lo importante que puede ser la atención personal. Tiene un impacto más importante de lo que crees. Por ejemplo, permíteme que te diga de una ocasión, hace ya muchos años, cuando decidí comprar un auto nuevo. Acababan de salir con los exteriores a dos tonos y yo tenía la mente puesta en un Ford blanco y negro. Como siempre ha sido mi norma pagar en efectivo, esperé hasta contar con el dinero para pagarlo de esta manera. Era mi cumpleaños y había planeado darme ese bello coche como un regalo muy especial. Así que con el dinero en el bolso, entré al salón del concesionario.

Seguramente el vendedor me vio salir de mi carro viejo y maltratado, y dio por sentado que no podía pagar un modelo nuevo. De cualquier modo, ni se dignó hablarme. No me hizo caso para nada.

Yo estaba decidida a comprar ese carro. Pedí hablar con el gerente pero había salido a comer. Como no quería esperar una hora con el vendedor grosero, decidí salir a caminar.

En la otra acera de la calle estaba un concesionario Mercury; como tenía un rato libre, decidí entrar y pasear por el salón de autos. Allí tenían un Mercury amarillo que costaba considerablemente más que el Ford. Sin embargo, el vendedor era muy amable y mostró interés por mí; pronto se dio cuenta que era mi cumpleaños. Se disculpó por un momento y cuando regresó hablamos otro rato. Antes de que me diera cuenta, ya él me estaba deseando feliz cumpleaños y poniéndome en las manos una docena de rosas rojas. Así fue como compré un Mercury amarillo en lugar de un Ford blanco y negro.

Siempre he creído en la importancia del toque personal. Casi todos los meses las Directoras nuevas asisten a sesiones en Dallas. Cada mes procuro incluir tiempo en mi agenda para saludarlas.

A estas Directoras les encanta que les tomen sus fotos conmigo; y si bien a veces puede parecer abrumador, lo hago con mucho gusto siempre que me lo piden. He estado de pie por horas mientras se toman fotos conmigo. Se me ha aconsejado que terminaría más rápidamente si pasara pronto entre ellas y no hablara con nadie. Sin embargo, si hago eso, creo que lastimaría los sentimientos de estas mujeres. Yo sé que esto es importante para ellas, así que siempre busco algo para comentar con cada persona.

Esas fotografías también se pueden convertir en importante herramientas de ventas para las Directoras nuevas. Por ejemplo, las Consultoras usan un rotafolios en la clase del cuidado de la piel y entre los materiales de nuestra compañía viene una foto mía. Con frecuencia la Consultora dirá: «Y esta es Mary Kay, nuestra presidenta emérita y tatarabuela». Las mujeres de la clase tal vez bostecen y piensen: «Ay, sí, y esa foto se la tomaron cuando ella tenía catorce años». Pero si pueden sacar otra foto y decir: «Esta foto nos la sacaron a Mary Kay y a mí el mes pasado», de repente hay más interés y todo mundo quiere verla. Me cuentan que esto causa mucha emoción porque la mujer siempre se interesa en fotos recientes. Es algo más personal.

Ahora que nuestra compañía ha crecido tanto, el toque personal parece aún más importante que nunca. Esto es porque la gente no cree del todo que soy una persona de carne y hueso. Hay mujeres que a menudo se acercan en los eventos de Mary Kay y me dicen: «No puedo creerlo. Es real. Es como me dijeron».

Creo que algún comentario personal es muy importante para todas las personas con las que me encuentro. Invariablemente alguien me dirá: «Mary Kay, ¿te acuerdas cuando te conocí en...? En aquel entonces yo era Consultora nueva y me dijiste que yo estaría aquí algún día». Tengo que confesar que no siempre me acuerdo de dicho comentario. Sin embargo, cuando los escucho, sé cuán importantes son para la gente y me detengo para hacer algún comentario personal.

De vez en cuando, el toque personal hace que la gente crea en mí, sobre todo cuando antes pensaba que yo era más bien mito que realidad. Hace poco un hombre llamó por larga distancia cuatro veces e insistió en hablar conmigo. Yo estaba en una junta y Jennifer le decía que no podía atenderlo, que si ella lo podía ayudar. Finalmente, le dijo el motivo de su llamada. «Mire —le dijo—, mi esposa se ha convertido en Consultora y quiere hacer un pedido grande. Sin embargo, le digo que no lo haga hasta que yo pueda verificar lo que hace esta compañía. ¡Quiero hablar con Mary Kay!»

Cuando salí de mi junta, me encontré su nombre y una nota de Jennifer encima de mis demás recados telefónicos. Así que le llamé.

«Bueno, he estudiado su compañía —empezó—, y descubrí que ya tienen millones en ventas. En realidad, me sorprende que me haya respondido la llamada. Nunca esperé que lo hiciera».

Resultó que él también era empresario y nuestro toque personal le causó una grata impresión. Lo último que me dijo fue: «Mary Kay, gracias por ayudarme a creer en ustedes respondiendo a mi llamada».

Me dio gusto hacerlo porque era obvio que se le hacía difícil la decisión a su mujer y que ahora iba a apoyarla en su carrera.

Como subrayé en el capítulo 9, es importante que nuestra compañía ayude a que las Consultoras obtengan el apoyo de su familia. Cuando una mujer llega a nuestra oficina matriz para el desarrollo de Directoras nuevas, le escribimos una carta a su familia y le explicamos lo beneficioso que éste será para su carrera y les agradecemos que la compartan con nosotros esa semana. Enviamos la carta el lunes que ella llega a Dallas con el fin de que la carta esté en su casa antes de su regreso y se encuentre con el fregadero lleno de trastes sucios y todo mundo un poco tenso por haber tenido que hacer todo sin ella. Creo que estas son cartas importantes y firmo cada una de ellas personalmente.

Como ya imaginarás, desde que comenzamos nuestra compañía les hemos enviado tarjetas de Navidad, cumpleaños y aniversarios a toda nuestra gente. Les enviamos tarjetas a cientos de miles de personas, y cada una de ellas en la fecha correcta. Yo personalmente diseño las tarjetas y cada una tiene un mensaje con mi letra. Algunos de mis mensajes preferidos son: «Un cumpleaños maravilloso para una persona maravillosa» y «Las cosas preciosas son escasas... seguro que por eso ¡sólo hay una como tú!»

Al final de su primer año con la compañía, también enviamos a cada Consultora un certificado de aniversario. En cada uno de sus siguientes tres aniversarios recibe otro certificado y en el quinto año, recibe un bello prendedor con el número cinco.

Cada una de nuestras varias miles de Directoras también recibe un pequeño regalo de Navidad y cumpleaños. Un año les enviamos a las Directoras una figurilla *Ms. Bear* de Navidad. Mel me había regalado una en uno de nuestros jueves de regalo. Se le jalaba un cordelito y decía cosas como «eres maravillosa», «vas a la cumbre» o «te quiero, eres fabulosa y puedes hacerlo todo».

También exijo que se le dé contestación a cada carta que llega dirigida a mí. Soy de la idea que cualquiera que se tome el tiempo de escribir una carta, merece una respuesta. Por supuesto, en la medida en que ha crecido el volumen de mi correspondencia, se ha vuelto imposible que yo sola lo maneje todo. Así que hemos desarrollado un sistema para analizar y contestar las cartas de un modo específico.

Por supuesto, hay muchas cosas que yo atiendo sola. Una de ellas son las tarjetas de condolencias. Todos los días envío tal vez una docena de notas escritas a mano a la gente que acaba de perder a un ser querido. Asimismo, envío notas personales a quienes estén gravemente enfermas. Hay algunos poemas que han resultado ser significativos en momentos de duelo o pena, y en cada nota incluyo una copia. La gente parece conmoverse con la nota personal y el poema. Cuando puedo, a veces también llamo por teléfono para dar mis condolencias o mis deseos por una pronta recuperación. Algunas veces sólo llamo para decirle que la queremos. Una llamada así es un detallito pero siempre parece hacer maravillas para levantar la moral de la gente.

Hemos trabajado empeñosamente por mantener un ambiente familiar en nuestra organización, independientemente de nuestro tamaño. Aquí a nadie se le habla de señor, señora o señorita. Richard es Richard para todos y yo soy Mary Kay. Si alguien me llama señora Ash, lo único que me parece es que no me conoce o no está contento conmigo. Tampoco tenemos títulos en las puertas de las oficinas. A menos que se esté llevando a cabo una conferencia, las puertas de nuestras oficinas siempre están abiertas. Como te puedes imaginar, la gente suele entrar a la oficina e interrumpirte si dejas la puerta abierta. Sin embargo, creemos valioso que todos sepan que nos pueden ver para cuestiones importantes.

En nuestra compañía no encontrarás muchas puertas cerradas, como tampoco encontrarás baños ejecutivos ni comedores ejecutivos. Tenemos una bonita cafetería que muchos me han dicho que parece más bien club campestre que comedor de una compañía… y no es sólo para ejecutivos, es para todo mundo.

A medida que nuestra compañía crece, a veces me da pena encontrarme con alguien en el elevador que no conozco. Si por los papeles que lleva en las manos puedo inferir que la persona trabaja para la compañía, le diré: «Hola, creo que no hemos tenido oportunidad de conocernos. Yo soy Mary Kay». Cuando me di cuenta que esto ponía nerviosa a la gente, decidí participar en nuestro programa de orientación mensual para empleados nuevos. Son personas que se acaban de incorporar a la empresa, así que siempre llegan a las juntas muy formales y serias. Cuento algunas anécdotas, hablo de la compañía y pronto se relajan y comienzan a sonreír. Creo que estas juntas les pueden ayudar a que me vean más como amiga que como presidente emérita.

De vez en cuando hemos tenido ejecutivos que se han unido a nosotros sin que pudieran adaptarse a nuestro ambiente familiar. Esto puede ocurrir cuando han trabajado en otra compañía con un sistema más jerárquico. Un ejecutivo en particular no sólo mantenía cerrada la puerta de su oficina, sino que también se negaba hablar con las Consultoras y Directoras que nos visitaban. A veces de plano era grosero con ellas. Así era como se hacían las cosas en su otra compañía. (Difícil de creer, ¿verdad?) Finalmente tuve que decirle: «El único motivo por el cual tienes tu trabajo es por esas Consultoras y Directoras. En lo que a nosotros concierne, son las personas más importantes del mundo. ¿Estás de acuerdo con nosotros que tú también deberías sentirte igual respecto a ellas?» Se dio cuenta que su actitud era errónea y comenzó a recibirlas con alfombra roja cuando se acercaban a él. Se alegró más con su trabajo y de sobra está decir, también los demás.

Lamentablemente, algunas compañías no tienen el mismo respeto por sus empleados. Uno de nuestros empleados nos contó una triste experiencia con su ex empleador. A su esposa le habían comenzado los dolores de parto a medianoche y cuando la llevó al hospital descubrieron que el bebé venía sentado. Esta puede convertirse en una situación difícil y por dos días se dio la posibilidad de que no fuera a vivir. Dado este riesgo, se quedó a su lado en espera. Con todo esto, se le olvidó llamar a su oficina, que era lo que debió haber hecho. Sin embargo, en lo único que podía pensar era en su mujer.

Cuando volvió al trabajo, ya no tenía empleo porque no había llamado. Incluso después de que explicó lo que pasó, sólo le dijeron: «Bueno, si no puedes valorar más tu trabajo, estás despedido».

Este hombre solicitó un puesto con nosotros porque había escuchado que nosotros sí valoramos la familia. Sabía que ponemos la familia por encima de la compañía y que si lo mismo hubiera ocurrido con uno de nuestros empleados, nos hubiéramos sentido orgullosos de lo que hizo. Cuando hablaba de lo que le había pasado, decía: «Mary Kay hubiera enviado flores rosadas en lugar de una papeleta rosada*». Ésa es nuestra reputación y creo que conviene. Hoy tenemos una lista de espera de gente que desea trabajar con nosotros. Además, ¡la moral de nuestros empleados es sencillamente maravillosa!

En nuestra compañía todo mundo valora el toque personal. Creemos en la cortesía. Recuerdo que una vez un hombre vino y se sentó en nuestra área de recepción sin preguntar por nadie. Finalmente la recepcionista le preguntó: «¿Le puedo servir en algo, señor?»

—En nada —contestó él—. Vine aquí para cargar baterías. Todo el día lo único que hago es visitar empresas y la gente puede ser tan sarcástica y grosera, me gritan que qué quiero. En cambio, cuando vengo aquí, todo mundo está tan contento y risueño, es como salir al solecito. Me siento mejor con sólo visitar esta compañía.

Creo que es uno de los cumplidos más lindos que podríamos recibir.

Ha habido personas que nos visitan de fuera de la ciudad que nos cuentan que cuando les piden a los taxistas que las lleve a Mary Kay Cosmetics, éstos las tratan como gente importante. «Vamos directo a Mary Kay Cosmetics, de inmediato —les responde con frecuencia el chofer—. Es la compañía más agradable de la ciudad. Cuando voy a recoger un pasajero, son los únicos que me dicen que pase a sentarme mientras espero. En cambio otras empresas me sacan de allí.»

---

*En Estados Unidos es común la expresión que al empleado se le da el *pink slip* (papeleta rosada) como notificación de despido.

Creo en el toque personal porque hace que cualquier ser humano se sienta apreciado. Como alguien dijo una vez: «El aceite del aprecio hace que giren las ruedas del progreso». En nuestra compañía hacemos cosas que normalmente no se hacen en el mundo de los negocios pero creo que ese toque personal nos ha ayudado a establecer y afianzar esta compañía.

Hace poco un hombre me escribió: «Mary Kay, la compañía crece tan rápidamente que estoy preocupado porque algún día desaparezca ese toque personal».

Le contesté y le expliqué que yo me preocupé de eso cuando teníamos 1 000 personas. Luego me preocupé cuando llegamos a ser 5 000 y 10 000 y 20 000; y ¡sigo preocupada ahora que ya tenemos más de 325 000 personas en nuestra organización! También le dije que *siempre* estaré preocupada por el toque personal y que haría todo lo que esté en mi poder porque no lo perdamos. Richard es de la misma opinión y eso para mí es una gran tranquilidad, que a través de él esta importante filosofía perviva.

20

La prueba está en los hechos

LAS CONSULTORAS MARY KAY llegan prácticamente de todas las profesiones y estratos sociales y representan todas las religiones. Atraemos mujeres jóvenes, mujeres de mediana edad y abuelas. Viven en ciudades grandes, en pueblos rurales de todo el país y en más de veinte países en todos los continentes. Me gustaría contarte de cada una de ellas porque cada cual tiene una historia muy especial.

Con todas sus diferencias, comparten un vínculo especial: un espíritu de vivir y dar que creo es único en el mundo de los negocios. Cuando comencé esta compañía, parecía que estaba yo sola en mi convicción de que un negocio podía basarse en la Regla de Oro. Ahora, la familia Mary Kay ha demostrado que la mujer puede trabajar y prosperar en ese espíritu y lograr a la vez gran éxito personal.

Para algunas de nuestras mujeres el éxito ha venido a significar el ganar dinero suficiente para enviar a sus hijos a la universidad o para comprarse casas más grandes. Otras se fijan metas económicas más altas. Independientemente de la forma en que hayan definido el éxito, las mujeres de Mary Kay coinciden en que su fe y su familia se anteponen a su carrera. Viven la filosofía de Mary Kay: Dios primero, la familia segundo y la carrera tercero.

A lo largo de este libro, te he contado de muchas Consultoras y Directoras que han alcanzado sus metas profesionales y personales. Creo que sus historias ilustran el éxito verdadero de Mary Kay Cosmetics. El activo más valioso de nuestra compañía no se puede encontrar en nuestro balance, ya que nuestro activo más valioso es nuestra gente. No importa cuán grandes sean las ganancias de una compañía, si no enriquece la vida de su gente, esa compañía habrá fracasado. Nuestra riqueza verdadera se mide por las miles de mujeres que han encontrado en nuestra compañía un modo de vivir una vida más plena y rica para ellas y su familia. En mi opinión, *en los hechos está la prueba.*

Si has llegado hasta aquí en esta lectura de mi vida, yo sé que estarás de acuerdo conmigo que sin duda mi historia es una que me llevó de la pobreza a la riqueza. Sí, fue con gran sacrificio que surgí de la nada para establecer una gran empresa. Indudablemente estoy muy orgullosa de mi vida y mi legado.

Sin embargo, sólo soy una persona.

Hoy, en el mundo de Mary Kay hay miles de mujeres que han logrado cosas grandiosas en su vida gracias a esta carrera. Si deseas leer la historia de nuestra gente más destacada, te exhorto a que obtengas un ejemplar del libro que publicamos llamado *Room at the Top.* Es aquí donde encontrarás las historias personales de las Directoras Nacionales de Ventas, título que representa el pináculo del éxito en Mary Kay Cosmetics. Aquí encontrarás sus perfiles.

La lectura de estos perfiles es verdaderamente una gran motivación y sé que cualquier mujer encontrará aquí una historia con la cual se pueda identificar. El libro puntualiza el hecho de que la mujer puede llegar a la cumbre de Mary Kay Cosmetics desde virtualmente cualquier situación y leerás en *Room at the Top* cómo lo han logrado nuestras Directoras Nacionales de Ventas. La lectura de estas historias es sin duda fascinante.

Conocerás a una de nuestras Directoras Nacionales de Ventas que nunca había girado un cheque antes de su carrera Mary Kay y ahora gana mucho más que el Presidente de Estados Unidos. Otra Nacional vivió en una casa de subsidio gubernamental. Una se escapó de la Cuba comunista. ¡Otra no podía imaginarse que su mejor amiga manejara un Cadillac rosado!

Para muchas parejas, el éxito de la esposa en Mary Kay ha permitido que el marido deje una carrera que detestaba. Un esposo que era economista cuando su sueño era tener ¡un salón de belleza! Otro era ingeniero y luego se convirtió en ministro religioso, etcétera.

Hay muchas historias inspiradoras de madres que sin el apoyo del padre de sus hijos trabajaban arduamente por mantener a su familia con un empleo tradicionalmente «femenino» como secretaria, enfermera y maestra antes de unirse a Mary Kay.

Una Nacional muy exitosa, una madre sin cónyuge, antes de encontrarnos trabajaba el turno de noche en una línea de ensamblado en una planta de casquillos para escopetas. Otra dejó una prometedora carrera en televisión.

Las Directoras Nacionales de Ventas son ex modelos, voluntarias de la Liga Juvenil, mujeres con títulos de postgrado y mujeres que nunca fueron a la universidad. Una de estas mujeres hacía pastel de relleno de limón para suplementar los ingresos de la familia. Otra fue cofundadora de una de las más exitosas organizaciones no lucrativas en Texas.

Ya sea que hayan superado una enfermedad devastadora o que se vieran obstaculizadas por los «techos de cristal» en la profesión que eligieron, creo que coincidirás conmigo en que cada historia tiene resonancias de la Cenicienta.

Room at the Top es la prueba más contundente que pudiera ofrecerte porque demuestra que la teoría es correcta: que Mary Kay funciona en la vida de todos los tipos de mujeres: de todas las edades, de todas las razas, colores y credos, sean cuales fueren sus antecedentes. Estas mujeres son los ejemplos absolutos que yo tenía en mente para la mujer en 1963.

Leer sus historias es totalmente fuente de inspiración. Estoy sumamente orgullosa de todas las bellas y capaces mujeres que han hecho de mi sueño una realidad. Las mujeres Mary Kay no sólo son las más leales y dedicadas del mundo, sino que *definen* lo que es la determinación y el propósito. Creen que si trabajan con el suficiente empeño y que si dan de sí lo suficiente, serán exitosas personal y profesionalmente. Encuentran que su vida se enriquece con una familia motivada, amistades cercanas, logros estelares y seguridad económica. Sobre todo, comprenden, como yo, cuán gratificante puede ser ayudar a que otras mujeres realicen también sus sueños.

21

Dejar un legado

SI BIEN MARY KAY COSMETICS se creó como el sueño de una mujer, desde hace mucho tiempo ha logrado una existencia independiente. Como nuestra compañía está bien afianzada en fuertes cimientos de valores y principios específicos, su permanencia no depende de una sola persona.

Los analistas de negocios suelen decirme: «A este punto Mary Kay Cosmetics es un fenómeno empresarial. Ciertamente todo le ha ido bien a esta compañía. *Pero ¿qué va a pasar cuando usted ya no esté aquí?*»

Les explico que tal vez en algún momento la compañía dependió de mí para su existencia. El éxito de prácticamente cualquier empresa nueva depende de la presencia diaria de uno o dos individuos clave. Sin embargo, largo es el trecho que hemos recorrido desde 1963. Nuestro cuerpo de ventas consta de cientos de miles de hábiles profesionales de las ventas que cuentan con el apoyo de un experto equipo gerencial. Hace años que dejamos de ser una compañía de uno o dos. De no haber sido así, nunca hubiéramos logrado nuestra fuerza actual.

Mary Kay Cosmetics no es la única compañía que se ha identificado con una sola persona. De hecho, los fundadores de muchas empresas estadounidenses han tenido personas de alto y reconocido perfil. En los primeros años de Ford Motor Company, hubo mucha gente que creía que la empresa no sobreviviría sin Henry Ford. Pero lo hizo. Otro ejemplo es Du Pont Chemical. Esta compañía estuvo controlada por una familia por 150 años. Hubo gran preocupación cuando, por fin, un individuo ajeno a la empresa se hizo presidente general. Sin embargo, Du Pont es hoy una de las compañías químicas más grandes del mundo. Los negocios bien administrados sobrevivirán cualquier cambio que se haga en su cúpula. Si un negocio no puede avanzar y prosperar sin su fundador, entonces yo diría que el fundador fracasó en su trabajo de establecer un equipo gerencial fuerte y profesional.

Creo que nuestra fuerza mayor en Mary Kay es nuestra gente. Como dije antes, no sólo estamos en el negocio de los cosméticos, estamos en el negocio de tratar con la gente. Como empresa orientada hacia la gente, nuestro objetivo principal es ofrecer a la mujer oportunidades profesionales. A su vez, estas mujeres necesitan satisfacer las necesidades de otras mujeres enseñándoles un buen cuidado de la piel. En otras palabras, nuestra razón total de ser es la de darle a la gente la oportunidad de enriquecer su vida. También nos apegamos a ese principio en el interior de la compañía animando a todos los empleados a que desarrollen todo su potencial.

Sin toda esa gente maravillosa, no habría Mary Kay Cosmetics. Por supuesto, es importante darse cuenta que con el paso de los años en todas las empresas hay movimiento de recursos humanos pero esto es sencillamente la naturaleza de la existencia humana. Sin embargo, una compañía permanece fuerte y estable por su *filosofía*. Una compañía con una filosofía básica y fuerte puede sobrevivirlo todo, hasta un cambio importante en sus productos. Por ejemplo, Du Pont era uno de los proveedores principales de pólvora durante la Guerra de 1812 hasta la Primera Guerra Mundial. Rockwell International, la gran compañía aeroespacial, alguna vez fue fabricante de parquímetros y taxímetros. ¡American Express comenzó como servicio postal a caballo! Todas estas compañías se han adaptado exitosamente al cambio y como resultado de ello, siguen fuertes y sólidas.

La gente cambia y hasta los productos cambian. Sin embargo, con el correr del tiempo es la fuerza de la filosofía de la compañía

la que determina si la compañía permanece o no. La filosofía de
Mary Kay consiste en tres sencillas y bellas ideas.

La primera y la más importante es la Regla de Oro. Enseñamos
a nuestra gente a que trate a los demás como le gustaría que los
trataran a ellos. Algunas veces llamamos a esta regla nuestro «espíritu
de la entrega» y otorgamos reconocimiento especial a los individuos
que muestran ese espíritu de forma sobresaliente. Es un espíritu de
compartir y de preocuparse por los demás. Muchas personas ajenas
a la empresa creen que sencillamente no puede funcionar pero
¡nosotros *sabemos* que sí funciona! Nuestra gente alegremente da de
su tiempo y experiencia sin pensar en lo que puede recibir a cambio.

La segunda piedra angular de nuestra filosofía es nuestra creencia en las prioridades correctas: primero Dios, segundo la familia y
tercero la carrera. Yo sé que muchos presidentes de empresas son de
la opinión de que tenemos invertida esta lista. Sin embargo, creemos
que una persona no puede hacer un trabajo profesional si su vida
personal está en conflicto. Estamos perfectamente satisfechos con
ocupar el tercer lugar.

Nuestra tercera piedra angular es nuestra creencia en el bello
potencial que existe en el interior de cada ser humano. Creemos que
con mucho elogio y apoyo, todos pueden ser exitosos. Son tantas las
mujeres que han llegado a nosotros sin una pizca de confianza en
sí mismas. «Pues lo intentaré —dicen—. Lo haré si puedo». Les
enseñamos a desechar esos pensamientos para que los reemplacen
con: «Puedo. Lo haré. Tengo que…» Con el correr de los años, hemos
visto que se hacen maravillas con el apoyo positivo y los elogios
sinceros. ¡Todos pueden ser fabulosos! Las semillas de la grandeza
están sembradas en cada uno de nosotros y Dios espera que vayamos
hasta el fondo para hacerlas brotar. Las incontables historias del éxito
en nuestra compañía comprueban esta verdad.

El éxito sostenido de nuestra compañía depende de estas tres
convicciones filosóficas, no de mí. Por ese motivo, me he asegurado
que todos en nuestra organización sepan cuán firmemente creemos
en estos conceptos. Toda decisión gerencial se basa en nuestra
filosofía. Todas las Consultoras nuevas se reclutan sobre la base de

estas creencias y se les enseña a vivir de acuerdo a ellas. Cuando una Consultora asciende por nuestra Escalera del Éxito y viene a Dallas para el desarrollo de Directoras nuevas, vuelvo a reforzar nuestra filosofía con ella y toda su clase.

Hemos tenido miles de mujeres que han participado en nuestros programas; en un sentido muy real, cada una de ellas es la custodia del espíritu y la filosofía de Mary Kay. Confío en cada Directora para mantener en alto nuestros estándares reflejando nuestro compromiso con honradez e integridad.

Dios requirió de mucho tiempo para prepararme para el trabajo que me tenía asignado. Fueron necesarios todos mis años de experiencia, de mis métodos de tanteo, de mi arduo trabajar y mis desencantos para que pudiera guiarme a formar esta compañía.

Somos afortunados de contar con mi hijo Richard como presidente de la Junta Directiva de Mary Kay Cosmetics. Richard me ha llenado de orgullo y se ha ganado el corazón de nuestra gente con su perspicacia en los negocios.

Como sea, algún día ya no estaré aquí. Cuando llegue ese día, sé que nuestras Directoras Nacionales de Ventas ocuparán magníficamente mi lugar. Cada una de ellas comenzó como una Consultora de Belleza y subió por la Escalera del Éxito hasta la mera cumbre. Nuestras Consultoras y Directoras lo saben, así que las Nacionales continuarán siendo maravillosos ejemplos dignos de seguir. Yo solía referirme a estas mujeres como «las Mary Kays del futuro» pero ahora mismo ya lo son. Llevan la antorcha de nuestra filosofía y de nuestros estándares. Por lo tanto, sé que sea lo que el futuro traiga, mi filosofía pervivirá.

Hace años me preocupaba por lo que pudiera ocurrirle a la compañía si ya no estuviera yo involucrada. Sentía una profunda responsabilidad hacia las miles y miles de personas asociadas con Mary Kay Cosmetics. La compañía ha llegado tan lejos tan rápidamente que quería cerciorarme que crecería y prosperaría sin mí. Había ayudado a tantas bellas mujeres, que yo quería saber que esas oportunidades doradas estarían siempre allí. Me sentía poseída por el deseo de dejar un legado.

Ahora ya sé que mi legado está asegurado. La compañía tiene mi nombre pero también tiene vida propia. Su corazón es la filosofía que tantos miles de mujeres han convertido en parte de su vida. Ellas *personifican* esa filosofía de dar y compartir y, como tal, pervivirá por siempre.

Epílogo

*La historia de nuestra Compañía está entretejida con mi propia vida,
así que al contar una, en realidad cuento la historia de las dos.
Nuestra historia no es de dinero, ni de estatus ni de fama. Me gusta
pensar en ella como en la historia de dos personas, como la madre
y su hija con una misión. Asimismo, es la historia de muchas mujeres
cuyas vidas nuestra Compañía ha tocado y cuyas vidas han tocado
la mía. Es cierto que lo que das a la vida de los demás vuelve a la
tuya. Lo que me mantiene inspirada es ver que la mujer realiza sus
sueños.*

—Mary Kay Ash, 1992, fragmento de *Perlas de sabiduría*

El 22 de noviembre de 2001 nuestra querida e incomparable Mary
Kay Ash se fue a su última morada para estar con su Señor.

En los siguientes días y semanas, los medios de comunicación la
elogiaron por sus incontables contribuciones al mundo de los negocios y al mundo de la mujer en general. Llegaron a nuestra oficina
matriz torrentes de miles de cartas de personas que la conocieron y
de quienes no tuvieron esa fortuna. De mujeres cuya vida Mary Kay
influyó profundamente. De familias cuyas vidas cambió. Y los tri-
butos siguen.

Este epílogo pone en perspectiva actual el libro que Mary Kay
escribiera en 1981. Así como la historia de su vida seguirá inspirando
a quienes la lean y saben de ella, así seguirán ocurriendo el tipo de

173

milagros que evoca el título de este libro cada vez que otra mujer se sienta inspirada por la historia de Mary Kay a creer que puede hacer cosas grandiosas en su vida.

El Presidente General y cofundador, e hijo de Mary Kay, Richard Rogers contaba con 20 años de edad cuando se fundó la Compañía. Recuerda muy bien los días largos y la determinación inquebrantable que se necesitaron para que el sueño de su madre cobrara vida. «En esos días iba yo de banco en banco tratando de conseguir un préstamo para tener el dinero que necesitábamos para impulsar el negocio —recuerda—. Hasta me dejé crecer el bigote porque pensé que podría aparentar más edad. Estoy seguro que cuando salíamos de los bancos hablaban de "ese muchacho y su mamá que vende cosméticos y que quieren un préstamo de *¿cuánto?*" Pero persistimos».

Si bien, como lo dijo Mary Kay, la compañía en ciernes «no siempre se cubrió de gloria», sí prosperó desde el inicio, como todo otro esfuerzo que ella ponía en marcha. Dicho llanamente, ella creía en el crecimiento y en la abundancia. Fue con esa fe que fundó esta singular compañía poniendo, desde el primer día, a Dios como su socio.

Por un tiempo las acciones de la Compañía se cotizaron públicamente. Sin embargo, en 1985 la familia volvió a comprar las acciones. «El sueño de Mary Kay es demasiado importante —le dijo Richard al cuerpo de ventas en 2001—. Después de todo, ninguna otra entidad en el mundo comprendería que el sueño de mamá atiende al bienestar de la humanidad».

Su sueño sigue bendiciendo a quienes se asocian a él. Encabezado por las Directoras Nacionales de Ventas Independientes a quienes Mary Kay confió su visión para el futuro, un cuerpo de ventas internacional de casi un millón de mujeres en los cinco continentes se dedica a la misión de enriquecer la vida de la mujer. En cuanto al éxito, los números lo dicen todo. Las ventas se han duplicado desde que Mary Kay escribiera el epílogo de la edición de 1994, mientras que el cuerpo de ventas —el corazón de la gran aventura de Mary Kay— casi se ha triplicado. En ese mismo año 74 Directoras

Nacionales de Ventas Independientes habían ganado un millón de dólares o más en comisiones a lo largo de su carrera con Mary Kay. En 2003, son casi 200 mujeres las que han alcanzado el estatus de millonarias, muchas de ellas multimillonarias. Una de ellas había logrado diez millones de dólares en bonificaciones de carrera.

Sin embargo, las impresionantes cifras no pintan todo el cuadro. Atrás de ellas están miles de historias de mujeres que se transformaron de amas de casa en mujeres de negocios estelares. Del sueldo mínimo a ingresos máximos. Historias inefables de mujeres que superaron todo tipo de obstáculos para lograr la independencia, para realizarse y lograr mayor autoestima. Y, sí, también la independencia económica.

Un cambio en el «paradigma rosado»

En 1963 Mary Kay renunció a su carrera como directora de capacitación nacional de una compañía de ventas directas cuando otro hombre que también ella había capacitado fue ascendido por encima de ella y ganando el doble de su sueldo. Al recontar su vida, Mary Kay observó en 1995 «esos hombres no creían que una mujer tuviera materia gris. Aprendí entonces que mientras el hombre creyera que la mujer no podía hacer nada, ésta nunca iba a tener una oportunidad».

Así que con una carrera de 25 años en las ventas directas, creó precisamente la oportunidad que creyó que la mujer necesitaba. Su historia es la historia del esfuerzo que dio a la mujer el poder y la autonomía que a su vez pasaba a otras. Año con año Mary Kay vertió toda su fe en estas mujeres, muchas de las cuales no pensaban que tuvieran algo que ofrecerle al mundo de los negocios.

Mary Kay admite de buena gana que no le interesaba el aspecto financiero del negocio tanto como el aspecto de las relaciones humanas. Para ella, las conocidas siglas P & L que en inglés representan las ganancias y pérdidas, representaban mejor *People and Love* (gente y amor). Mary Kay dice: «Mi interés en comenzar Mary Kay Inc. era ofrecerle a la mujer oportunidades que no existían en otra parte». Por eso fue pionera de los conceptos como horario flexible, carrera portátil y un firme juego de valores para vivir y trabajar que surgieron de sus propias prioridades de primero Dios, segundo la familia y tercero la carrera.

El orador y escritor de motivación Zig Ziglar, amigo de Mary Kay, la ha descrito de esta forma: «Mary Kay era la personificación más saludable del sueño estadounidense. Dio vida al sueño imposible haciéndolo una realidad para la mujer en todas partes. Era una mujer muy sabia. Era una persona orientada hacia la gente. Comprendía muy bien la importancia de dar reconocimiento a la gente».

John P. Kotter, profesor especialista en liderazgo de la Facultad de Negocios de Harvard, observó la diferencia entre Mary Kay y los líderes empresariales tradicionales. «Era una líder de negocios extraordinaria en una época en que demasiadas personas a cargo de las empresas eran gerentes competentes pero sólo eso», comentó al periódico *Dallas Morning News* después del fallecimiento de Mary Kay. «Asimismo, era una gran empresaria.» La Facultad de Negocios de Harvard se cuenta entre las muchas universidades que usa su *bestseller: Mary Kay on People Management* como recurso educativo. Se dice que otras empresas incluyen este libro en su lista de lectura para sus gerentes. Sus tres libros fueron *bestsellers*, incluido *You Can Have It All (Sí puedes tenerlo todo)* en 1995.

La revista *Forbes* reconoció las cualidades singulares de Mary Kay cuando en 1996 la incluyó entre las más grandiosas historias de negocios de todos los tiempos *(Greatest Business Stories of All Time)*. Mary Kay Inc., fue una de sólo 20 compañías perfiladas. Mary Kay Ash fue la única mujer.

Dos años después, Mary Kay Inc., fue una de sólo 14 compañías y una de las más prominentemente incluidas en *Good Company: Caring as Fiercely as You Compete*. Este libro destaca muchos de los principios y prácticas que han resultado en que Mary Kay Inc., haya sido nombrado tres veces como una de las «Cien mejores compañías para las cuales trabajar en Estados Unidos». Asimismo, Mary Kay Inc. fue nombrada como una de las diez mejores empresas para la mujer. En 2003 también se convirtió en *bestseller* un libro de negocios que trata sobre los principios de Mary Kay.

Su sensibilidad natural se intensificó por sus propias desilusiones. Antes de fundar su compañía, Mary Kay continuamente estableció nuevas marcas de ventas y ganó premios importantes. Fue competitiva hasta su mero centro y no se le escapó ningún reconocimiento. Sin embargo, un exquisito premio sí la eludió. Ese fue el año que una competidora se ganó el premio principal: un elegante bolso de cuero de caimán que fascinó a Mary Kay desde el principio. El siguiente año se ganó el premio principal sólo para descubrir que la corporación Stanley había cambiado el premio para el cual Mary Kay se había fijado su meta el año anterior.

En la celebración del 30° aniversario de su propia compañía —como símbolo de agradecimiento por sus vastas contribuciones a la industria—, un ejecutivo de la corporación Stanley se presentó en el escenario del Seminario 1993 para presentarle a Mary Kay su propio bolso de cuero de caimán. Su comentario resume lo que esa compañía piensa de la estrella que alguna vez tuvieron: «Mary Kay piensa que este bolso fue el premio que se le escapó —dijo el ejecutivo—. En Stanley, creemos que el premio que se nos escapó fue Mary Kay».

Pensar como mujer

Mary Kay quería elevar la conciencia de las destrezas innatas que posee la mujer. Se le había negado un ascenso por «pensar como mujer». Ese tipo de pensamiento incluía la creencia de que la mujer puede contribuir exitosamente a su familia, su comunidad, su país y el mundo, sin perder la feminidad que le es exclusiva. Mary Kay creía que la mujer debiera ganar lo que vale y elevar con ella a otras mujeres. En el competitivo mundo de los negocios, suave pero firmemente exhortó a las mujeres a que no compitieran entre ellas, sino *consigo mismas* superando sus propios récords y elevándose a alturas que nunca imaginaron posibles.

La prensa la comparó con otras leyendas empresariales, primero en Dallas, luego a nivel nacional e internacional. Sin embargo, lo cierto es que Mary Kay fue un fenómeno singular: una mujer que influyó en la vida de la mujer de un modo único. Su luminosidad trascendió un cheque de paga o el ascenso por la escalera corporativa. Mary Kay tocó el alma de la mujer como nadie más en el mundo de los negocios había hecho antes o desde entonces.

No se puede exagerar su impacto en el mundo de la mujer. Los televidentes de la cadena de cable Lifetime dedicada especialmente a la mujer votaron durante 1999 por la «Mujer más sobresaliente en los negocios» del siglo XX. Mary Kay ganó abrumadoramente. Al final del siglo XX, la publicación del ramo *Women's Wear Daily* la nombró como una de las seis mujeres que cambiaron la cara de la industria de los cosméticos.

Tomando en cuenta todas sus contribuciones, Mary Kay era asombrosamente real. «Era la clásica magnolia de hierro», dijo el periódico de su ciudad natal en un reportaje que luego se publicó por todo el mundo después de su muerte. «De mente fuerte y corazón tierno, orgullosamente femenina hasta su centro tejano». Con todo y los reconocimientos y la admiración de sus *fans*, Mary Kay nunca olvidó sus raíces. La pequeña que nació en Hot Wells, Texas, al final de la Primera Guerra Mundial, que limpió la casa y cuidó a su papá enfermo mientras su madre trabajaba para mantener a la familia, era tan sencilla como brillante. Mary Kay nunca tuvo dos caras, era lo que veías. Lo que veías y recibías era sencillamente todo lo que ella tenía que ofrecer.

Belleza interna

Junto con las cremas, los refrescantes y las bases de alta calidad, Mary Kay también promovió una mejor calidad de vida. Su propia vida reflejó lo que enseñaba: Si en nombre del éxito sacrificas tu relación con Dios y tu familia, entonces el verdadero éxito te habrá eludido.

Esta reina de lo rosado que abrió la puerta a millones de mujeres a un estilo de vida lleno de *glamour*, tenía otra faceta, la de una mujer amante de su casa que disfrutaba los placeres sencillos. Le gustaba la jardinería, la cocina y coleccionar recetarios, y comprar sus propios víveres. Era frugal a pesar de su riqueza.

Mary Kay atesoraba los momentos entre amigas que vivía con su cuerpo de ventas independiente. Le encantaba ir con ellas a los famosos viajes que la Compañía ofrece como recompensas, ir de compras con ellas a Hong Kong, Roma, París o algún otro exótico puerto de escala en busca de las mejores ofertas locales. Asimismo, le gustaba sentarse con ellas en la cama del cuarto del hotel e intercambiar anécdotas o comparar notas de compras.

Mary Kay era la misma en el trabajo y en el juego, aunque tanto le gustaba lo que hacía como trabajo que la línea entre ambos tendía a desdibujarse. De hecho, ya con muchos años como Presidenta Emérita permaneció afiliada fiel del Club de las Cinco de la Mañana, levantándose antes de que amaneciera. «Aguardo ansiosa que el sol se levante con el comienzo de cada nuevo día —aseguraba—. Esto es porque me aseguro que cada día guarde para mí algo emocionante. Estoy ansiosa por comenzar mi día». Cuando alguien le dijo que la marca *Mary Kay*® controlaba el diez por ciento del mercado —una cifra enorme tomando en cuenta la competitiva industria de los cosméticos— su respuesta fue: «Bueno, habrá que ocuparnos por el otro noventa por ciento».

Efectivamente, sabía aprovechar al máximo la oportunidad y el momento que se le presentaba. Era conocida por sus destrezas organizativas y por saber manejar varias tareas a la vez. Sin embargo, Mary Kay por siempre conservó su característico «toque personal». Para ella toda la gente era importante, desde su marido hasta su ama de llaves y la multitud de mujeres que hacían fila para pedir su autógrafo. Alegre y declarada «trabajómana», abiertamente prefería el negocio de impulsar a la mujer sobre casi todas las demás actividades.

Como si estos atributos no fueran suficientes, Mary Kay era increíble y espontáneamente simpática, como puede testificar cualquiera que la haya escuchado hablar. Sus pullas eran tan rápidas como tierno su corazón. Cuando la presentaron en el programa televisivo *60 Minutes* con Morley Safer de la cadena CBS, mostró una capacidad innata para pensar rápido cuando dio su respuesta, ahora legendaria, al cuestionamiento de que ella «usara a Dios». Los dos charlaban amigablemente cuando Safer le dijo: «Mary Kay, llevo aquí ya un par de días y cada vez que doy la vuelta escucho la palabra "Dios". ¿No están usando a Dios?» Dulce y rápidamente, viéndolo a los ojos, Mary Kay respondió: «No, señor Safer, espero de corazón que sea a la inversa: que Dios me esté usando a mí».

Una vez la entrevistó una escritora de la revista *Savvy* para un reportaje de portada y le preguntó sobre los Cadillacs rosados, la recompensa de la Compañía que, si no tenía que defender, Mary Kay sí tenía que explicar con frecuencia a los medios de comunicación. Cuando se publicó el reportaje, el encabezado decía: «Mary Kay: ¿Así que crees que son corrientes los Cadillacs rosados? ¿De qué color fue el carro que te dio tu compañía?» Le gustó tanto que lo usó muchas veces.

Después en su carrera, cuando fuera de cámara un periodista de una cadena de televisión le preguntó su edad, Mary Kay replicó: «¿Cuánto pesas?»

Habló el idioma de la esperanza

Mary Kay se conmovía profunda y genuinamente por el llamado del corazón de las mujeres atadas por la pobreza o por un trato deficiente o por la falta de autoestima, o por miles de otras cosas que las pudieran limitar. Su preocupación era de alcance mundial. Para los primeros años de la década de los noventa, Mary Kay comprendió claramente el impacto que su oportunidad podría tener en la mujer por todo el mundo.

Poco después de que Alemania se reunificara, se presentó en una reunión de la Compañía en 1990 y se conmovió hasta las lágrimas cuando una mujer en el escenario tomó el micrófono y habló en un inglés atropellado: «¡Primero la libertad y ahora Mary Kay!» El exuberante gozo de esa mujer simboliza la explosión de la esperanza de una vida nueva que mujeres a miles de kilómetros de Dallas, Texas, han descubierto a través de Mary Kay.

Hoy la mujer en los cinco continentes impulsa su propio negocio Mary Kay, con frecuencia entre la incertidumbre económica. Incluso en la peor de las economías, las integrantes del cuerpo de ventas independiente de Mary Kay descubren que pueden ganar mucho más en su negocio Mary Kay de lo que sería posible en otros empleos disponibles. En áreas remotas, algunas viajan dos días o más para comprar sus productos *Mary Kay*® para tener en inventario y viajan 12 horas por avión para asistir a las reuniones de la Compañía. A pesar de ello, persisten, decididas a no dejar de asirse al sueño. Incluso algunos funcionarios de gobierno de países anteriormente comunistas han practicado los principios Mary Kay en su trabajo reconociendo la habilidad de éstos para motivar a que la gente logre la excelencia. Después de cuarenta años, el atractivo universal del mensaje de Mary Kay tiene resonancia mundial.

En esta Compañía existen numerosos ejemplos de testimonios de «antes y después de Mary Kay» o como los llamamos *I-stories*. En todas ellas prevalece un denominador. Cualquiera que sea el lugar que llamen casa, su sello es la diversidad. Graduadas de la Facultad de Negocios de Harvard y mujeres con postgrados en docenas de campos de trabajo junto con desertoras de la escuela intermedia y quienes reciben subsidio gubernamental, todas ellas en busca de una vida mejor. Un negocio Mary Kay es atractivo para ex ingenieras de *software* y profesionales del campo médico, para amas de casa de toda la vida, nanas y granjeras. Todas comparten la inquebrantable certeza de que seguir el ejemplo de Mary Kay es conducente al éxito. A diario producen los frutos que les dan la razón.

Una vez Mary Kay escribió a las líderes del cuerpo de ventas internacional: «Me siento tan orgullosa de nuestras Directoras Nacionales de Ventas en todo el mundo que guían el sueño de Mary Kay hacia el futuro. No existe para la mujer una oportunidad más grande que la que nosotros ofrecemos. ¡La familia Mary Kay en todo el mundo está con buena racha! Ahora está en sus manos mi sueño de liberar y brindar poder y autonomía a la mujer». Luego, usando su frase característica, las exhortó: «¡Ustedes pueden lograrlo!» Su elogio y apoyo legendarios son las constantes de Mary Kay. Seguirá inspirando a generaciones venideras a través de sus escritos, audiocintas y producciones de video, hablándole al corazón de la mujer en el idioma que mejor entiende.

Afianzada en sus creencias

Mary Kay tuvo cuidado de nunca presionar a los demás para que adoptaran sus creencias y la Compañía se enorgullece de la diversidad religiosa, racial y cultural de su cuerpo de ventas independiente. Mary Kay tenía creencias espirituales profundas. Su primer trabajo fue como secretaria de una iglesia. Luego, iniciada en sus veinte, fue supervisora de las clases para principiantes de todas las iglesias bautistas de la ciudad. «¡Qué júbilo! Me encantó la oportunidad de enseñar y desarrollar programas de enseñanza —escribió—. Fue la aplicación perfecta de mis destrezas naturales como organizadora y persona persuasiva y de ideas».

Su humilde fe se extendió en todos los aspectos de su vida. Acreditó a Dios con haber sembrado en ella las semillas de su compañía y de ayudarla a alimentarlas hasta que germinaran. Sin embargo, el destino de Mary Kay no se dio de la noche a la mañana. Sus palabras brindan apoyo a cualquiera que alguna vez se haya preguntado cuándo podrá ella también realizar su potencial. «Viendo mi pasado me doy cuenta que Dios necesitó mucho tiempo para prepararme para la responsabilidad que habría de darme. Esencialmente, la de crear una oportunidad que le diera a la mujer la posibilidad de traspasar el techo de cristal; y cuando Dios me tuvo lista, nació Mary Kay Inc.» Mary Kay volvió a expresar su genuina fe cuando presentó esta situación: «Cuando se llega a la línea del balance, no importa cuánto dinero ganaste, qué tan grande es tu casa o cuántos coches tienes. Cada uno de nosotros llegará a ese día y entonces debemos preguntarnos si nuestra vida ha sido en verdad significativa».

Con el correr de los años Mary Kay fue reconocida repetidas veces por sus testimonios cristianos con recompensas, presentaciones y publicaciones. Fue contada entre las 100 mujeres cristianas que cambiaron el siglo XX. Fue destacada en el programa *Hour of Power* del doctor Robert Schuller. Recibió el Premio a la Excelencia Cristiana en los Negocios de la Asociación Internacional de Mujeres en el Liderazgo. Fue nombrada Mujer de Iglesia del Año por la

Herencia Religiosa de Estados Unidos y fue honrada como la Mujer del Año por las Mujeres Cristianas Ejecutivas de la Catedral de Cristal. Asimismo, tuvo varias presentaciones en el *700 Club* con Pat Robertson.

El libro decisivo *Mary Kay on People Management* se basa en sus principios que debieran regir las relaciones con la gente según la Regla de Oro: Tratar a los demás como le gustaría que lo trataran a uno. «Creo que hemos encontrado el éxito porque Dios nos ha mostrado el camino», apuntó. Para Mary Kay, la condición espiritual de una persona no podía separarse de su éxito. Era probable que la una determinara lo otro.

Madres e hijas: un imperecedero vínculo de amor

Incluso cuando a Mary Kay se le reconoció abundantemente en el mundo cristiano y en el mundo laico, su copa se colmó de un modo más personal. Dios la bendijo con el amor y la devoción de cientos de miles de mujeres que reconocieron cuánto les dio de sí misma. Mary Kay las vio como hermanas o hijas. La colmaron de amor y respeto, y ella en correspondencia dio otra vez y otra vez, recibiendo ellas de su bondad muchas veces en el ciclo infinito de la siembra y la cosecha del amor. Mary Kay estaba muy orgullosa del hecho de que las madres podían compartir con sus hijas (y viceversa) su amor por este negocio. Actualmente, hay equipos de madre e hijas y hermanas que se han elevado a Directora Nacional de Ventas Independiente.

También hay varios ejemplos inspiradores del espíritu de la entrega que Mary Kay fomentó.

A una joven madre de Mary Kay se le diagnosticó cáncer de mama a la edad de 32. Siguió con su negocio Mary Kay durante los nueve años de su quimioterapia y sus 19 cirugías. Su mamá tiene un negocio Mary Kay y junto con su hija se cuentan entre los equipos madre e hija Mary Kay de mayor historia: 34 años. Hoy esta sobreviviente del cáncer es Directora Nacional de Ventas Independiente, el pináculo de la trayectoria para el cuerpo de ventas. «Mary Kay siempre estuvo allí, en las buenas y en las malas —dice—. Fue como mi segunda madre. Me enseñó a soñar. Me enseñó la importancia de las opciones. Yo tenía la opción de darme por vencida y dedicarme a la compasión de mí misma o tenía la opción de luchar. En consecuencia, estoy aquí». Su hija se ha unido a ella en su carrera Mary Kay, extendiendo este asunto de familia a una tercera generación. «Creyó en nosotras antes que nosotras mismas», afirma una Directora Nacional de Ventas Independiente cuyos ingresos batieron todos los récords de la compañía en 2002. Otra comenta: «Lo que más me impresionó de Mary Kay fue su habilidad de enfocarse totalmente en la persona con quien hablaba. Nunca me quitó la vista de encima mientras me daba palabras de cariño y apoyo que me llegaron al corazón. Se quedaba "en el momento", contigo, haciéndote sentir en verdad como si fueras la persona más importante en todo el mundo. Cambió mi vida para siempre con esos momentos preciosos».

Muchas de las cartas que llegaron en torrentes de miles rindiendo tributo a Mary Kay después de su muerte hacen eco de esos sentimientos. Las circunstancias desde las cuales hablan no siempre son extremas pero el tema constante revela la manera en que Mary Kay les inculcó la fe en ellas mismas, fe mediante la cual cambiaron su vida de todos modos.

Para otras, el fallecimiento de Mary Kay ha significado un renovado ardor por seguir con su legado.

«Qué significativo que Mary Kay nos dejara el Día de Acción de Gracias, cuando todos tenemos tanto que agradecer porque ella existió —escribió una Directora de Ventas Ejecutiva *Senior* Independiente—. Para Mary Kay, Mary Kay Inc. era mucho más que una compañía, era su sueño en acción. ¡Qué ímpetu tenemos ahora de seguir con su sueño! Seguro hay analistas de negocios que piensan que el sueño de Mary Kay podría desfallecer por su ausencia pero nosotros sabemos más, ¿no es así? Porque NOSOTROS somos el sueño de Mary Kay».

«Tenemos ese entusiasmo al estilo de Mary Kay»

En ese importante acontecimiento anual conocido como el Seminario, las mujeres Mary Kay son objeto de ovaciones y encomiadas como estrellas de cine y como realeza. Desfilan por un escenario de honor que la mayoría nunca soñó que sería de ellas, recogiendo las cosechas de su diligente labor.

Cuando diseñó su sistema de recompensas, Mary Kay se aseguró que su oportunidad fuera diferente de otras en un aspecto importante. Mientras que los concursos tradicionales de ventas suelen recompensar únicamente a las primeras dos o tres personas, el sistema de Mary Kay recompensa a todas las personas que cumplan con una meta predeterminada. A cada mujer se le honra según sus logros. Cada mujer también aprende a competir contra ella misma, a superar sus mejores niveles de desempeño.

Mary Kay se aseguró que los reconocimientos de la Compañía celebraran el logro empeñoso y diligente de formas que la mujer pudiera apreciar, y parte de esa apreciación se escribe ¡S-O-B-R-E R-U-E-D-A-S! Si bien el célebre programa del auto profesional es el símbolo más reconocible del sistema de recompensas de Mary Kay, entre otros premios que las mujeres Mary Kay atesoran están las piedras preciosas y los viajes fabulosos, regalos que típicamente la mujer no compra para ella, o como los llamó Mary Kay, «regalos de Cenicienta».

«Se trata del *glamour* —dijo Mary Kay—. Estas mujeres quieren el *glamour* y están dispuestas a trabajar arduamente para lograrlo. Tal vez nunca tuvieron su presentación en sociedad ni su fiesta de quince años, tal vez nunca fueron reina de la fiesta de graduación de la escuela intermedia, y tal vez nunca lleguen a ser reina de belleza. Así que en la Noche de Premios procuramos reunir todo eso en una experiencia de derroche inolvidable».

Algunos preguntan: «¿Por qué tanto derroche?» La generosidad de Mary Kay era inherente a su convicción de saber compartir. También surgía de las muchas veces que sintió que los premios no eran más que lamentables. Nunca olvidará cómo se sintió a principios de su carrera en las ventas directas cuando recibió un «premio para hombres» que consideró inapropiado para una mujer. Aprendió bien la lección. Le gustaba contar lo que se convirtió en la famosa anécdota de Mary Kay cuando se ganó aquella famosa «linterna de pesca», un aparato que se usa con la botas largas para pescar de noche. «Por años guardé esa linterna de pesca como recordatorio —escribió—, por si alguna vez me encontraba en posición de dar recompensas para nunca darle a la mujer una linterna de pesca».

Las recompensas del estilo de vida Mary Kay también son intangibles. Las mujeres Mary Kay son, en efecto, presidentas de su propia compañía. Sin embargo, dan libremente de sí mismas para ayudar a que otras mujeres impulsen su negocio propio, a veces sin recompensa económica porque Mary Kay les enseñó que los «cheques de paga del corazón» hacen que la generosidad valga la pena. Ese mensaje se traduce bien en todas las culturas por su atractivo universal. Las mujeres Mary Kay de cerca y de lejos captan la visión y la incorporan a su propia vida, a veces a pesar de grandes dificultades. Una Directora Nacional de Ventas Independiente, ex ingeniera en un país de Europa oriental con una economía emergente, ofrece pruebas: «Estas exitosas mujeres me enseñaron que al trabajar en mi negocio Mary Kay, podría hacerme independiente, cambiar mi vida y realizar mis sueños personales. Creo que muchas mujeres en mi país querrían tener la misma oportunidad. Para mí, Mary Kay nos permite cambiar vidas cuando reconocemos nuestras prioridades y practicamos la Regla de Oro».

Su atención a los reconocimientos ha suscitado la admiración de la comunidad empresarial. Ryan Rogers, nieto de Mary Kay y miembro de la Junta Directiva de la Compañía, aceptó el premio cuando *Junior Achievement* incorporó a Mary Kay en el Salón de la Fama de Dallas en 2002. «Esta notable mujer creó un extraordinario imperio de negocios basándose en el reconocimiento de los logros de los demás —dijo—. Porque nunca dejó de recompensar a quienes la rodeaban, corresponde honrarla con un lugar permanente entre los grandes líderes de negocios».

Un lugar en el corazón

Muchos visitantes en Dallas recorren el Edificio Mary Kay, una de las más elegantes oficinas matrices en Estados Unidos. En el piso principal, el Museo Mary Kay comprende más de 278 metros cuadrados y exhibe literalmente miles de artículos que tienen que ver con la historia de la Compañía y la vida de Mary Kay. Pocas compañías de este tamaño, y mucho menos aún privadas y familiares, ofrecen un museo de esta magnitud. Nuestro pasado en Mary Kay es motivo de orgullo. Nuestra herencia es una tradición codiciada cuya intención es seguir adelante.

En 2002, el museo se expandió para incluir un salón de honor que el presidente Richard Rogers llamó un «tributo imperecedero» a cada una de las Directoras Nacionales de Ventas Independientes de Mary Kay. «Ustedes han respondido al llamado de Mary Kay de mostrar el camino a los demás —le dijo a este prestigioso grupo—. Ustedes son la primera de muchas generaciones de líderes que llevarán su antorcha por todo el mundo dándole sentido a su vida en un siglo nuevo».

Para ella la caridad verdaderamente comenzaba en casa

Mary Kay nació con un corazón generoso pero las experiencias de su vida lo engrandecieron. En 1996 estableció la Fundación Caritativa Mary Kay Ash para que financiera las investigaciones que ella esperaba que algún día previnieran el sufrimiento y la muerte por el cáncer que le quitó a su amado esposo Mel. Al principio la misión de la Fundación se concentró en eliminar los tipos de cáncer que afectan a la mujer. En el 2000 esa misión se amplió para incorporar otro «cáncer»: el de la violencia doméstica.

La Fundación otorga subsidios en efectivo a distinguidos investigadores alrededor del mundo. En 2001, con la corporación, brindó apoyo financiero para la producción del documental de la cadena de televisión PBS sobre la violencia doméstica titulado *Breaking the Silence: Journeys of Hope (Rompiendo el silencio: viajes de espe-*

ranza). Asimismo, la Fundación apoya los albergues de mujeres por todo el país mediante subsidios en efectivo.

En 2002 la Asociación de Ventas Directas le presentó a Mary Kay Inc. su premio «Visión para el mañana» por una campaña pionera para poner alto a la violencia doméstica. Cada año este honor va para la compañía cuyos esfuerzos sustancialmente mejoren la calidad de vida de su comunidad.

La Comisión contra la Agresión a la Mujer de Los Ángeles honró a Mary Kay Inc. con su premio «Corporación Humanitaria del Año», también en 2002. Ryan Rogers aceptó el premio a nombre de Mary Kay. «Las filosofías personales de Mary Kay se transformaron en una compañía que comparte oportunidades y esperanzas —dijo—. Esto va más allá de la independencia económica de la mujer, ayuda a afianzar los cimientos de la seguridad en sí misma, la confianza de alejarse de situaciones abusivas o de dar esperanza a una amiga necesitada».

Con los años, Mary Kay fue honrada repetidas veces por grupos industriales, religiosos y comunitarios. En 1978, el doctor Norman Vincent Peale le presentó el premio de Ciudadano Estadounidense Distinguido Horatio Alger. Mary Kay dijo que fue uno de los puntos culminantes de su vida y disfrutó especialmente de los programas de becas que apoya la organización Alger. En 1992, con la poeta Maya Angelou, Mary Kay presentó este premio a Oprah Winfrey quien se unió a esta prestigiosa sociedad.

Mary Kay fue la primera en recibir el premio del Salón de la Fama de Ventas Nacionales y recibió el premio del Círculo de Honor de la Fundación Educativa de las Ventas Directas en 1989. Tres años después, la Fundación volvió a honrarla con el premio Leyenda Viviente. En su epílogo de 1994, le dio el crédito a los empleados de la Compañía: «Detrás de cada "leyenda viviente" hay unos cimientos sólidos. A mi modo de pensar, son nuestros empleados quienes desempeñan ese papel. Estas son las personas cuya excelencia corporativa nos ha ganado esta distinción. Estoy muy orgullosa de ellos».

El legado continúa...

Mary Kay avizoró el futuro y diseñó un plan de sucesión en el cuerpo de ventas que serviría ingeniosamente para que su resplandor siga iluminando la vida de la mujer. En 1971 se creó la posición de Directora Nacional de Ventas Independiente, el último escalón del cuerpo de ventas independiente de Mary Kay.

En 2002, en un discurso ante el cuerpo de ventas, su hijo Richard Rogers dijo: «Ella sabía que se multiplicaba a sí misma. Sabía que las Directoras Nacionales de Ventas Independientes compartían su visión y que algún día, cuando ella ya no estuviera aquí, ellas cargarían la antorcha que simboliza sus principios y convicciones. Sabía que este sueño es más grande que su vida, más grande que mi vida y más grande que una sola generación».

«Elevó las fortunas y la estimación de multitudes de mujeres que se unieron a ella como Consultoras de Belleza», escribió un periodista después de su muerte. Otro apuntó: «Le mostró el camino a generaciones de mujeres dándole a miles las herramientas y el apoyo para que triunfaran. De ese éxito tomaron la confianza y la aplicaron a otros empeños personales y profesionales. Ciertamente criaron a sus propias hijas con un mayor sentido de posibilidad. Esa cadena de progreso es un tributo vivo a la señora Ash que comprendió la importancia de vivir la vida plenamente».

Al momento de su muerte, Mary Kay era Presidenta Emérita de una compañía de miles de millones de dólares. Sin embargo, bajo ese elevado título latía el corazón de una mujer humilde que quería que las mujeres se vieran como ellas las veía: como un bello obsequio de Dios capaz de lograr cualquier cosa si trabajan con el empeño suficiente y están dispuestas a pagar el precio. Su bondad valía mucho más que su riqueza económica.

Richard les dijo a los reunidos durante el servicio conmemorativo después del fallecimiento de Mary Kay: «Mamá creía fervientemente que todo lo que dan a la vida de los demás, vuelve, efectivamente, a la de ustedes. Ella creía que si se dedicaban a ayudar a los demás, la Regla de Oro como estilo de vida prevalecería de forma natural. Su verdadera grandeza fue su capacidad para inspirar, la sabiduría de elogiar a la gente para que llegara al éxito, para literalmente hacer brotar la grandeza en todo mundo. Nos quiso mucho a todos. Compartió tanto con todos nosotros. Fue a la morada de su Señor sabiendo que hizo de éste un mundo mejor».

Cuando Mary Kay descubrió un poema anónimo en Australia a principios de la década de 1970, sintió de inmediato que captaba su deseo para las miles de sus «hijas». Mary Kay declamó y escribió los siguientes versos muchas veces en el correr de los años; asimismo, el vestíbulo de la oficina matriz está realzado por una magnífica interpretación escultórica de este poema:

En alas de plata

Tengo una premonición
que se eleva en alas de plata.
es un sueño de tus logros
de cosas maravillosas.

No sé bajo qué cielo
ni a qué desafío te enfrentarás
¡sólo sé que será elevado!
¡sólo sé que será **grandioso**!

Ese mismo espíritu —esa misma confianza audaz— vive porque Mary Kay confió totalmente su legado a las líderes del cuerpo de ventas independiente. Sabía que el futuro de su sueño estaba asegurado. El recuerdo de todo lo que fue y todo lo que hizo permanecerá espléndidamente vivo. «Para mí la vida no es una vela efímera, ¡es una antorcha espléndida que quiero que brille resplandeciente antes de cederla a las generaciones futuras!».

Para más información sobre Mary Kay Inc.,
visita nuestro sitio electrónico en www.marykay.com.

En tributo a nuestra querida Mary Kay Ash, este epílogo se actualizó en 2003 en ocasión del 40º aniversario de nuestra Compañía para darle perspectiva y reflejar la historia completa de la vida de Mary Kay, así como la de la Compañía. Un agradecimiento especial al equipo responsable del contenido: Peggy Anderson, Jennifer Cook, Elaine Jay, Randall Oxford y Leslie Roberts, así como a la escritora Elaine A. Goode. Yvonne Pendleton dirigió el proyecto y Stephen Webster encabezó el equipo de diseño. Margarita Hernández estuvo a cargo de la traducción y el cuidado de la edición en español.

Ocurren los milagros se terminó
de imprimir en junio de 2005,
en Gráficas Monte Albán S.A. de C.V.
Fracc. Industrial la Cruz,
El Marquéz, Qro, México